21世紀は智慧《ソピア》の時代

ギリシア哲学の智慧とブッダの智慧

阿含宗管長
桐山靖雄

平河出版社

21世紀は智慧《ソピア》の時代

ギリシア哲学の智慧とブッダの智慧

このたび、わたくしは、北京大学の名誉教授として招聘されることとなりました。
哲学学部・宗教学部の推挙によるものであります。
北京大学は、昨年、開校一〇〇年の式典を挙げましたが、
この一〇〇年の歴史の中で、名誉教授はわずか十数人、
おそらく十五人に満たないということです。
宗教学部は、わたくしがはじめてであります。
学問する身として、宗教者として、
この上ない名誉のことであると思っております。
これ偏《ひと》えに、永年にわたる愛読者の皆さま、
阿含宗の信徒・職員、知己、とりわけ、中国の多くの友人たちの、
御支持、御支援の賜物と、厚く御礼申し上げます。
今後とも尚一層の精進努力を致しますので、よろしくお願い致します。
右、御礼まで。

一九九九年十二月十五日

桐山靖雄

著者は、一〇一年の伝統を誇る、中国・国立北京大学の名誉教授として招聘された。
［一九九九年十二月十四日、中国・国立北京大学］

口絵写真＝垂見健吾

北京大学常務副学長・閔維方(左)より、北京大学名誉教授の招聘証が授与された。
［一九九九年十二月十四日、北京大学］

Mr. Seiyu Kiriyama
IS HEREBY CONFERRED
THE TITLE OF
HONORARY PROFESSOR
BY PEKING UNIVERSITY

Chen Jiaer
PRESIDENT
PEKING UNIVERSITY

授予
桐山靖雄　先生
北京大学名誉教授称号

北京大学
校长 陈佳洱
一九九九年十二月十四日

北京大学名誉教授の招聘証。

閔維方・北京大学副学長から北京大学名誉教授の楯を受ける。
［一九九九年十二月十四日、北京大学］

北京大学名誉教授の楯。

阿含宗本山総本殿・釈迦山大菩提寺の全景。［京都花山］

阿含宗錬成道場の外観。ニルヴァーナに到達するための修行の場である。〔京都花山〕

阿含宗錬成道場内に設けられた瞑想室。

【護摩法】錬成道場附属の「龍神の護摩堂」にて護摩法を修する著者

【滝行】……阿含宗錬成道場龍神の滝にて印を結び、お滝に打たれる著者。

【護摩行】……神仏両界大柴燈護摩供は、寒さの厳しい二月に阿含宗本山の境内地にて厳修される。

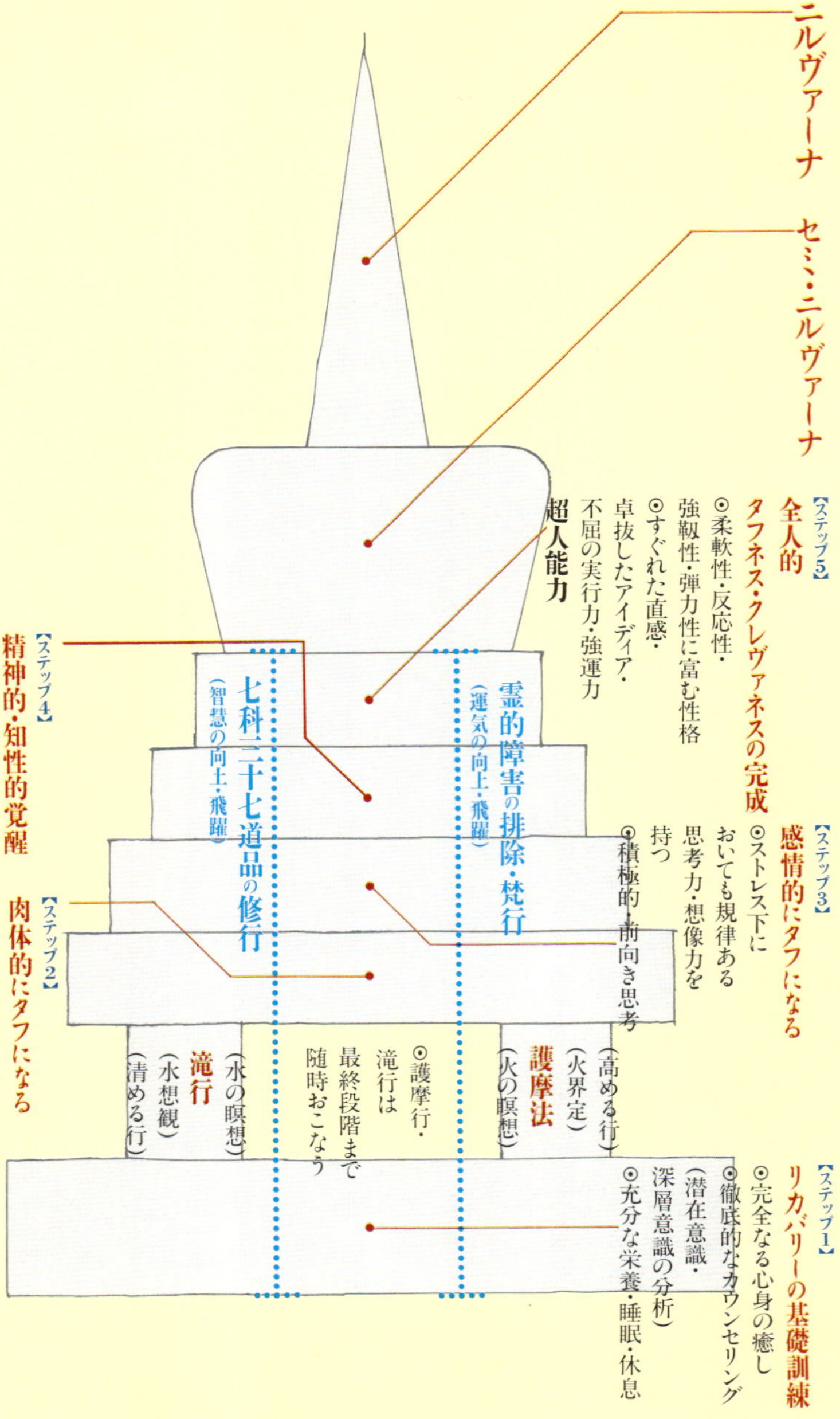

便宜的に、段階的な表現をしたが、
修行者によっては
この順序によらない場合がある

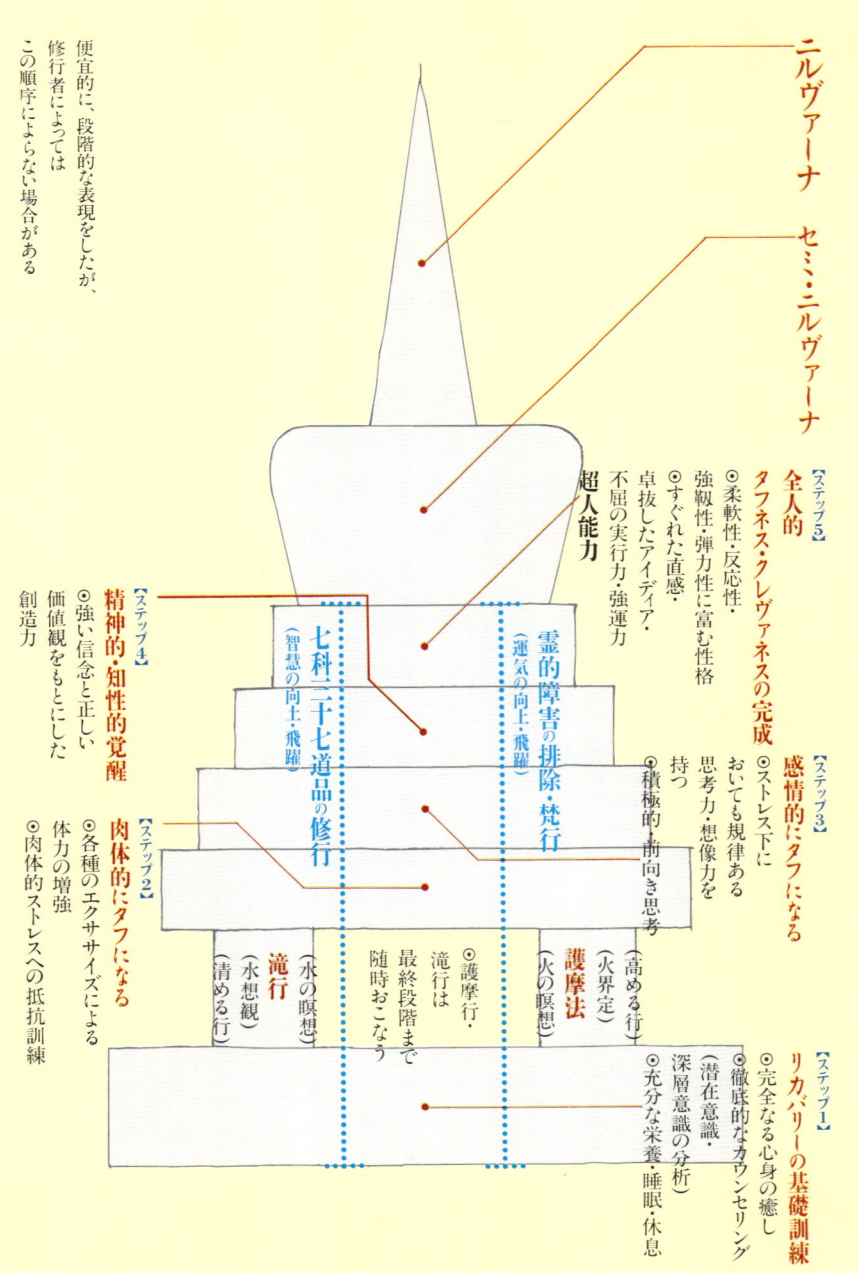

21世紀は智慧《ソピア》の時代

【プロローグ】

「恐怖の世紀」から「智慧の世紀」へ

二十世紀は、いうならば「恐怖の世紀」であった。

ノストラダムスの予言詩に象徴される恐怖の時代であった。人間に安楽と便利をあたえるはずの科学と技術が、つぎつぎと人間を殺戮《さつりく》する凶器を生み出した。

核兵器、環境破壊、食物汚染、加うるに、あい次ぐ戦乱、動乱、どれ一つとっても、このままでは人類に未来はない。

核を持つに至った現代文明に絶望し、これこそ、人間の脳に設計ミスがあったためだと結論して、みずから命を絶った『ホロン革命』のアーサー・ケスト

ラーが思われてならない。（拙著『間脳思考』参照）

このとき——、

古代インドに「賢人伝説」がある。

伝説というより、予言といったほうがよいだろう。

この地球が一大危機に見舞われて、まさに壊滅に瀕するとき、千人の賢人があらわれてこれを救う、というのである。

この古代伝説は仏教にもとり入れられ、さまざまなかたちで表現された。代表的なものが、『現在賢劫千仏名経《げんざいけんこうせんぶつみようきよう》』であり、最終的に完成されたすがたが、密教のマンダラにとり入れられている。すなわち、智慧のマンダラである金剛界マンダラの中心「根本成身会《こんぽんじようじんね》」、第二重の方形帯にえがかれた千体の仏たちである。

これを「賢劫《けんこう》の千仏《せんぶつ》」という。

これにもとづいて、密教では、現在の地球世代を「賢劫」とよぶ。劫とは世代を意味する。世紀と解してもよいだろう。すなわち、賢人があらわれて危機を救う世紀という意味である。

この予言は、まさに、いま、この現代を指しているのではないのか？

二十一世紀を迎えんとして、地球はいま、混迷と破壊のなかに呻吟《しんぎん》しつつある。

必死に打開の途を求めて、あてどなく彷徨《ほうこう》する宇宙船「地球号」。

救うものは、すぐれた叡智のみ。

人類を代表する二つの叡智がある。

一つは、西欧に起こった哲学《ピロソピア》の智慧である。

一つは、インドに起こったゴータマ・ブッダの智慧である。

この二つの智慧を比較してみることは、非常に興味のあることである。いや、それは、たんなる興味の問題ではない。それは、いま、ぜったい必要不可欠のことと思われる。

というのは、この二つの智慧は、それぞれ二つの文明を形成しているからである。

一つは、

キリスト教系文明――科学系――物質文明

一つは、

仏教系文明――霊性系――精神文明

である。

（この項、拙著『間脳思考』を参照されたい）

これまで、二〇〇〇年の間、キリスト教系文明が世界を引っぱってきた。一応、成功したかに見えるが、ごらんの通り、世界は行きづまっている。このままでは、崩壊するよりほかはない。

仏教系文明の智慧をとり入れるよりほかないのではないのか？

わたくしは、人類の未来を信じている。

なぜならば、さきの「賢人伝説」につづく予言があるからである。

すなわち、『未来星宿劫千仏名経《みらいしょうしゅくこうせんぶつみょうきょう》』である。それによると、未来の地球世代は、「星宿劫《しょうしゅくこう》」とよばれ、宇宙の星々《ほしぼし》の間に、千人の賢人が、繁栄と平和のあらたな文明を創造すると予言しているのである。

賢劫の世紀から、星宿劫の世紀へと、人類は飛躍する！

だが、この予言は、『現在賢劫千仏名経』が前提になっていることを忘れてはならない。

まず、現世紀に、千人の賢人を生み出すことだ。かれらはその智慧を以て、地球の危機を乗り越え、あらたな宇宙時代をつくり出すであろう。仏の智慧の讃うべきかな！

【第一部】……

哲学——智慧の学問

智をテーマにした学問と宗教

西欧において、智をテーマにした学問がある。
哲学《ピロソピア》である。

東洋において、智をテーマにした宗教がある。
阿含《あごん》仏教である。

むかしから今にいたるまで、世界中に、智そのものを対象にして研鑽《けんさん》する営《いとな》みは、学問としての哲学と、宗教としての阿含仏教しかその例を見ない。

他には絶無である。

ちなみに、仏教に三つの系統がある。

阿含仏教

アビダルマ仏教

大乗仏教

である。

阿含仏教は、ゴータマ・ブッダによって、阿含経で説かれたもので、真実の智慧を獲得する法と教えを説いたものである。

アビダルマ（abhidharma）仏教は、阿含経に説かれたゴータマ・ブッダの教説を、整理、注釈、研究、要約した聖典から成り、阿毘達磨と書き、漢訳して、大法、無比法、対法と訳する。大法、無比法は「真智」の尊称であって、この聖典は、学んで真智を生ずるものであるとして、そのように名づけられた。対法というのも、智慧の別名である。

これは、智慧の獲得法を説いた阿含経の注釈書の名称としては、いかにも妥当のようにも思われるが、しかし、アビダルマの智慧は、この聖典の論を学ぶことによって発生するというものであって、阿含経でゴータマ・ブッダが教えられたような「真智」そのものを、ズバリ、起こさせる方法を説くものではないのである。

読んで、学んで、研究した結果、智慧を深めるという間接的なものであって、ゴータマ・ブッダが阿含経で説く「智慧そのもの」を生じさせるという直接的なものではないのである。だから、これは、「智慧」ではなくて、「知識」である。

つぎに、大乗仏教は「慈悲」がテーマである。大乗仏教の経典は、いずれも慈悲を説く。智慧を説く場合もあるが、それは殆《ほとん》ど、アビダルマ仏教からとったものである。

ピロソピアという言葉

ピロソピアという言葉は、ギリシア語である。英語では philosophy（フィロソフィー）という。この言葉の philo はギリシア語の *φιλο* で、英語の love、愛であり、また sophy は *σοφια* で、英語の wisdom、智にあたる。そこで、ピロソピアは「智を愛す」「愛智」となる。

日本では、明治初年、西周（にしあまね）によって、「哲学」と訳された。

前六世紀という時代

前六世紀という時代は、たいへんおもしろい時代である。というのは、世界の東と西において、ほとんど同時に、智慧の探求がはじまったのである。すなわち、東では、インドでゴータマ・ブッダが苦行に入って、真実の智慧を追求しはじめ、おなじ頃、西では、地中海につき出た小さな半島ギリシアと、その植民都市であったトルコの沿岸（イオニア）やイタリア半島の南部で、智を愛し、智を探求する一群の人びとが誕生しはじめたのである。いま、われわれが、ギリシア哲学とよぶのがそれである。

ちなみに、中国において、孔子が、こんにち儒教としてつたわる思想をのべはじめたのもおなじ頃である。
では、かれらは、どのような智慧を、どのように求めたのであろうか？

哲学の始祖、タレスとヘラクレイトス

「智を愛する」philosophein（ピロソペイン）とは、古代ギリシアにおいて、最初は、世間ならびに人生についての智慧を愛し求めるという程度の意味であった。

それは、この言葉の文献上の初出とされるヘロドトスの『歴史』（1巻30節）がつたえる賢者ソロン（前七世紀後半〜前六世紀前半）についての記述にうかがわれる。

それには、リュディア王クロイソスが、アテナイ人ソロンをむかえて、「あなたは智を愛するがゆえに多くの土地を視察し遍歴して来られた」と言ったとあり、またペロポネソス戦争当初の戦没者にささげるペリクレスの追悼演説のなかで、「われわれは美を愛して耽溺《たんでき》におちいることなく、智を愛して（philosophoumen）文弱に流れることとなし」（『戦史』2巻40節）と語らせているトゥキュディデス（前四六〇頃～前四〇〇頃）の言葉などがある。

しかし、ソロンやペリクレスのピロソペインやピロソポウメンは、まだ世俗的な智慧をさす程度のものに過ぎなかった。すなわち、ソロンにとって人生上、世間上の智慧とは、神々を畏敬し、人間の有限性をわきまえるということであった。

アリストテレス（前三八四～前三二二）が、『形而上学』で、タレス（前六二四頃～前五四六頃）を哲学の創始者（archēgos philosophias）と呼んで以来、タレスを哲学の祖と考えるのが一般的になっている。

アリストテレスが、タレスを哲学の始祖と考えたのは、哲学の原点ともいうべきものを、最初にひらいた人がタレスだからである。

哲学がなにからはじまったかというと、哲学はまず、この世界の根拠《アルケー》となるものを問うことからはじまったのである。つまり、この世界がどのようにして生じ、どのようにして成り立っているのかを、神話でなく、真実をことばで明らかに表現しようとしたのである。

こうして三人の哲学者が、イオニアの植民都市ミレトスに現れる。タレスと、その弟子アナクシマンドロス、アナクシメネスの三人であった。かれらは、いずれも、当時のギリシアとオリエントをつなぐ小アジア沿岸（当時はイオニア地方とよばれた）の、ギリシア人の植民都市ミレトスの人だったので、ミレトス学派とよばれている。また、イオニア自然学派ともよばれた。

タレスは、この世界の根拠《アルケー》は「水」であると考えた。

タレスは「万物は水である」といったのである。つまり、タレスは、この世界のさまざまな現象を生み出した元《アルケー》のものであり、根拠であるものを水だと考えたのである。すなわち、この世界は種々雑多な姿に見えるけれども、みな水の変化した姿であると考えた。いうならば、タレスはこの世界を水としてとらえたのである。

タレスの弟子、アナクシマンドロスは、この世界のアルケーを「無制約なも《ト・アペイロ》の《ン》（無限なもの）」だといい、その弟子アナクシメネスは「空気」だといった。

こうして、哲学はスタートしたのである。

しかし、これにたいし、弁証法的思考を哲学の本質とするヘーゲル学派では、当然のことながら、ものごとを固定せずに運動のうちにとらえようとしたヘラクレイトス（前五〇〇頃）が真の意味での哲学のはじまりであるとし、また、唯物論的立場からすれば、最初に原子論をとなえたデモクリトス（前四六〇頃〜前三七〇頃）にいたってようやく哲学が本格的にはじまったとみる。哲学をどう考えるかによって、はじまりが異なってくるのは当然というものであろう。アリストテレスが哲学の始祖をタレスに求めたのは、哲学とは驚き（thaumazein）からはじまるものであり、それが驚きの根源への知の刺激となり、人間の知を満足させる体系的な説明原理を求めるところに智を愛する哲学の本来的なあり方があると考えたことによるものである。

わたくしは、ヘラクレイトスの「万物は流転する」という考えかたに非常に興味を感ずる。それは、あとの章でくわしく述べるが、ゴータマ・ブッダの「諸行無常」の説と発想が同根である。ただ結論がちがうだけである。ヘラクレイトスは、高貴の家柄の出身であったとつたえられるが、家を継がずに、学者あるいは批評家としての一生を送った。かれは、他からなにも学ぶことなく、すべてを自分から学んだとされるが、弟子を持たず、学派を形成することもしなかった孤高の思想家である。

「万物は流転する」によって知られる、かれの思想は、世界の本性を「変化」のうちにとらえようとするものである。

ヘラクレイトスは、世界のありかたを変化というすがたで考えたのである。「なにものも存在するということはない。一切はただ生成するのみ」「一切は去って一もとどまることはない」「一切は運動にあるのである」。これは、プラトンがヘラクレイトスの説を補足し解説したものである。

「一切の事物は不断に動き、少しも同一性を持続せず、あるいは成り、あるいは壊れ、あるいは増し、あるいは減じ、生より死、死より生へと循環してわずかの間もとどまることがない」

まるで、仏教の「八不中道」論を聞くようである。（注1）

ヘラクレイトスは、万物を川になぞらえて、「人間は、おなじ川の流れに二度と入って行くことはできない。おなじ川にわれわれは入って行くのでもあり、入って行かないのでもあり、われわれは存在するのでもあり、存在しないのでもある」という謎めいた言葉でこの世界の実相を語った。

ヘラクレイトスがいっていることは、わたくしたちは、おなじ川に入っているように見えても、それは瞬間瞬間に変化していて、おなじ川ではないというのである。流れが同一であるように思うのは誤りで、それは流れ去ったのとほぼおなじ量の水が同時に流れてくるからそのように見えるだけである。

このような、たえず変化しているありさまが、ヘラクレイトスのとらえた世界のすがたなのである。だから、川がある（存在する）といっても、川がない（存在しない）といってもおなじことなのだ。ただ、変化ということのみが、つねに変わらぬ世界のすがただというのである。

このヘラクレイトスの論は、イオニア自然学の系列に入る。ヘラクレイトスの思想は、ヘーゲルの『哲学史講義』において高く評価されており、また、ニーチェの超人思想や、永劫回帰の思想に明らかな影響が見られるのである。

注1――八不中道（はっぷちゅうどう）龍樹の『中論』の最初に縁起の理として「不生にして不滅、不常にして不断、不一にして不異、不来にして不出」とあり、あらゆるものが縁起によっていることを説明する偈。

変化するものは実在ではない――パルメニデス

ところが、このヘラクレイトスの「万物流転」説を、真っ向から否定する哲学者があらわれたのである。

　エレアのパルメニデス（前五四四〜前五〇一）である。かれは、変化するものは、ほんとうにあるもの（実在）ではないのではないか、と考えたのである。

「あり、かつ、あらぬ」というのは、経験と習慣によって強いられた、感覚による判断であって、それは、しりぞけねばならぬものである。理性（ロゴス）、知性（ノオス）、思惟（ノエイン）こそが判定者でなければならぬとパルメニデスはいう。


　在るものは、不生（生じることがない）なるものゆえ、不滅なるものである。なぜならば、在るものは完全無欠なるもの、また動揺せざるもの、終わりなきものであるからである。それはかつて或るときにだけ在ったただけでもなく、またいつか或るときにはじめて在るだろうものでもない。なぜなら、それは現在、同時に、全体として、一つとして、連続せるものとし在るゆえに。然るに、どんな起源を汝はさがそうというのか。いかにして、どこから生長してきたというのか。私は汝が在らぬものからと言うことも、考えることも許さぬだろう。

(『初期ギリシア哲学者断片集』)

つまり、パルメニデスの説はこうである。

すなわちパルメニデスによると、これまでの学者は、みな、存在するものと存在しないものとをげんみつに区別することができず、空虚空間——パルメニデスはそれを存在しないものと考えた——の存在を認めるという矛盾をおかしている。したがってパルメニデスの論理によると、存在は唯一であり、不変不動であり不生不滅でなければならない。もしもそうでないとするならば、この唯一の存在のほかに、他のあるもの（すなわち存在しないもの）がどこかに、初めか終わりか中間かに――存在することになるだろう。したがって、現実にわれわれが経験する事物の多数性や運動性（生滅・変化・移動）は存在しないものを存在すると考える感覚の迷いとして否定され、理性的思惟によると、真に存在するのは、唯一の不変不動・不生不滅で完全な世界球だと主張するのである。

つまり、これまでの学者は、在るものが存在するといえば、それが運動変化において在ることを意味していたが、パルメニデスにいたってはじめて、真に存在するものは決して他のものに成らぬものとして、それからげんみつに区別されたのである。

そしてこの区別は、のちに「真の存在」（事物の本質）と「生成変化する存在(現象的存在)との区別にいたるものであったが、しかし、自然の世界はそれ自身のうちに矛盾をふくみ、それ自身によって運動し発展するものだという弁証法的な思想の芽はそれによって摘みとられてしまったのである。

パルメニデスの哲学はのちの哲学者たちに、二つの課題を残したのである。それは、われわれの経験する事物の多数性と運動性とは、感覚の迷いとして否定することはできない。したがって、パルメニデスの論理を認めながら、一方、現象の世界を救う道が考えられなければならなかったのである。

もう一つは、パルメニデスの「在る(存在する)」という考えを通じて、完全な、変化しない「存在」という考えが生み出された。これからの哲学史は、完全な存在という観念を軸としてつくられてゆく。なぜならば、なぜ、人は「完全な存在」という観念を持つのかという問いがみちびき出されてくる。それは、じつは、哲学がなぜ哲学であるのかという根源的な問いにかかわってくるのであるが、それはあとでとりあげることになろう。

古代ギリシアの哲学

本書はごらんの通り、体系的に編まれた哲学史でもなければ、哲学概論でもない。

智を愛する学問の源泉をたずねて、照明をあててみようとする試みにすぎない。

仏陀の求めた智慧と対照的に哲学の智を求めたと思われる哲学者たちを、アトランダムに眺めてみたいと思うのである。

とすると、それは、必然的に、古代ギリシアの哲学になる。

『西洋哲学史』（内山勝利／中川純男編著）において、

とりわけ古代ギリシアの哲学は、そのすぐれた成果においてのみならず、哲学とは何であり、いかなるモチーフに支えられるべきものであるかについて、きわめて明確な指針を与えている点において、いつの時代にあっても変わらぬ意義を持ちつづけている。古来、諸学問の名称の多くがギリシア語に由来し、とりわけ哲学は、（この邦訳語を別にすれば！）およそ例外なく「ギリシア語以外の言葉で呼ばれることを拒んできた」（ディオゲネス・ラエルティオス）という事実は、単に名称の問題にとどまらぬ事柄を示唆するものであろう。哲学のもとにあるギリシア語「ピロソピアー（智を愛し求めること）」は、元来、純粋な知的好奇心や生活的必要に拘束されない知的向上心（人間形成）といった、まったく新たに彼らの間にのみ芽生えた精神動向を言い表すべく、彼らによって造られた理念であり、言葉であった。哲学とは、もっとも基本的には、こうした新たな心的活動に十全なプログラムを付与して一個の学にまで形成したものに他ならない。ある意味では、(あたかもピロソピアーという語の含みには、彼らにしか実感できないものがあったように)それは古代ギリシア人にとってのみ完全な了解が可能な営為だったのであり、それゆえに、この時代においてこそ、もっとも豊かな哲学的活動が展開され、また後代は彼らに学ぶことによってのみ哲学を賦活させることをなしえたのである。「哲学」は、たえず「ピロソピアー」に立ち返らなければならない。

わたくしは、純粋に智を愛する「ピロソピア」は、古代ギリシアで終わってといっていることは、まさにその通りなのである。

しまっているように思われてならない。

中世は、神学の時代になる。

キリスト教の歴史を考えると、ユダヤの地方宗教から出発したキリスト教は、ギリシア哲学の成果をそっくりとり入れることにより、世界宗教、普遍的な宗教になった。

中世の哲学は、修道院の哲学である。修道院で純粋培養された精神は、必然的に神にと向かっていった。プラトンやアリストテレスの絶対的なものを求める智の努力は、そのままキリスト教の神の存在証明へと流用できたのである。じっさい、中世の宗教画のなかには、プラトンやアリストテレスは後光をいただいた聖人《せいじん》としてえがかれている。

キリスト教の世界宗教への努力は、パウロからはじまってアウグスティヌス（三五四～四三〇）にいたり、かれらによって、キリスト教は、哲学に匹敵するだけの体系をそなえることになった。

このことは、ゴータマ・ブッダの宗教に対比して論ずべき課題の一つであろうと思われるので、後章で論ずることになろう。

キリスト教の神学は、つづいてトマス・アクィナスのスコラ哲学となり、煩《はん》瑣《さ》な議論のうちに近代の哲学が準備され、やがて、デカルトの近代哲学の幕がひらくのである。

ピュタゴラスの数の形而上学

ここで、少し時代は逆行するが、ピュタゴラス（前六世紀頃）をとりあげなければならない。

ピュタゴラスは、以前の節でのべたパルメニデスに深い影響をあたえたとされている。

ある著名な学者（西周　にしあまね）によると、ピュタゴラスは「哲学」という語を使った最初の人であるとしており、これをうけて、当津武彦教授は『哲学概説』において、「ピュタゴラスがピロソピア（愛智）およびピロソポス（愛智者）と、ソピア（智）およびソポス、ソピスト（智者）とはきびしく区別されねばならないと述べた」とする史実をあげて、「愛智としての哲学はピュタゴラスにおいてその萌芽をみせ、ソクラテスにおいて開花したといえるかもしれない」と述べている。

となると、哲学の創始者の一人として、ピュタゴラスの名を逸することはできないし、また、それよりもなにより、わたくしは、ある点で、ピュタゴラスの思想が、プラトンに深い影響をあたえているのではないかと思うので、ピュタゴラスの名をここから外すわけにはいかないのである。

小アジア西海岸のイオニア族の植民地は、前五四六年ペルシア人によって征服され、ついに前四九四年、ミレトスは破壊されるのであるが、それよりさき前六世紀の後半、ギリシア人の知的生活は南イタリア（great greece とよばれる）とシシリー島との諸都市に移った。ピュタゴラスは、哲学の第一の発祥の地、小アジア西海岸近くのサモス島に生れ、前五三〇年、サモスの友邦であったイタリア半島東南岸のクロトンに移り、その豊かな学識とつよい宗教的・人格的感化をもって、この地に「ピュタゴラス教団」を起こして、多くの弟子を指導した。

ヘラクレイトスは、ピュタゴラスについて、「あらゆる人間のなかでもっとも多くの知識を持った人」であると褒めたたえたが、また一方で「ぺてん師の元祖」ともけなしている。複雑で多面性をそなえた人物であったのだろう。ピュタゴラスはタレスとおなじく、なんの著作も残さなかったので、わたくしたちは、どこからどこまでがピュタゴラスの思想か、弟子たちのものであるかを区別することができないのである。

わたくしは、さきに、アリストテレスが、哲学の始祖をタレスに求めたのは、哲学とは驚き（thaumazein）からはじまるものであり、それが驚きの根源への知の刺激となり人間の知を満足させる体系的な説明原理を求めるところに智を愛する哲学の本来的なあり方があると考えたことによるものである、と述べたが、このタレスのとった立場を、「ミレトス学派」と呼ぶということは、さきにのべた。

ミレトス学派は、アリストテレスの表現によれば、万物の生成変化に大きな「驚き」をもって、その根本にあるものを探求したのであって、宗教にたいしてはだいたい「無関心」であった。

これにたいし、ピュタゴラスとその学派は、とくに宗教的関心がつよく、かれらにとって「智を愛する」哲学的・理論的生活が、同時にまた「魂の救いを求める」宗教的信仰の生活であったのである。

ミレトス派もピュタゴラス派も、このたえず生成変化してやまない世界の根底に存在する恒常不変のものを求めた点は共通しているが、求めかたがちがっていた。ミレトス派にあっては、この世界が何でできているかという根源の物質が問題であったのにたいして、ピュタゴラス派にあっては、それよりも、この生成変化の世界の不変的構造・形式が問題であったのである。

ピュタゴラス派の人びとは、霊魂の不滅と輪廻転生を信じ、魂の浄化をねがって、厳格な戒律のもとに禁欲生活をいとなんでいた。かれらによると、人間の霊魂は前世においてみずからの犯した罪のために、現世にあっては肉体の牢獄に閉じこめられており、そこから解放されて浄福を得るためには、霊魂の浄化が必要であった。霊魂が純粋になると肉体の桎梏《しっこく》（束縛）から脱《ぬ》け出て、最高の場所である天上界へいたることができるのであるが、不純であると魂は拘束されて、下級の人間や動物の肉体のうちに宿ることになり、安らうことはない。魂が浄化されて純粋となるためには、魂を善に導くことが重要であると考えられた。

ここに、のちのエンペドクレスや、プラトンにいたる前駆思想が見られると同時に、天上界へ向かって魂が神と合一するという神秘主義の思想がうかがわれるのである。

ピュタゴラス派は、精神を敬い、両親長上を尊び、法律を畏れ、祖国を愛し、友人に忠実で、節制を守り、清浄の生活をするよう、宗教的規制を求める。しかし、実践を主としており、宗教倫理の理論的基礎づけをしたわけではない。霊魂の転生、死後の応報など、いろいろ宗教的教条を説くが、哲学的基礎づけがなされていない。

むしろ、ピュタゴラス学派の見るべきものは、ピュタゴラスの定理が有名なように、その数の哲学であろう。

数の原理が存在原理

「ピュタゴラスおよびその学派の人びとは、数学の研究に従事し、そしてそれを発展させた第一の学派であった。この学派は、全く数学に没頭したため、数の原理は同時に存在の原理と思うようになった」

とアリストテレスは、その『形而上学』第一巻第五章に述べている。

ピュタゴラスの教団は、世界最古の数学研究センターであったといえるだろう。

素数の発見、奇数、偶数の区別、正多面体の作図をはじめ、初等幾何学の定理のほとんどがそこで発見された。

数学の歴史を考えると、古代エジプトやバビロニアの数学は、数学というよりも算術であり、実用的な測地術にすぎなかった。ピュタゴラスの教団がはじめて、算術のような測地術を、数学と幾何学にまで高めたのである。

しかし、ピュタゴラスの教団は、こんにちの大学のように、ただ数学のために数学を研究したのではないのである。前にのべたように、かれらは霊魂の不死なる世界にあこがれ、この不死なるものに到達するために、あるいは霊魂を浄化するための修行の方法として、数学を研究したのであった。

万物が生成変化消滅するのにたいして、数は恒常不変のものである。だから、万物のもっとも基本となる元のもの archē（アルケー）を、数であると考えたのである。

さきのミレトス派の人びとは、この「元のもの」を、ある物質的なものと考え、タレスは「万物は水である」といった。この世界のさまざまな現象を生み出した元のものは水であると考えたのである。

これにたいし、ピュタゴラス派は、数であると主張したわけである。

これについて少し解説すると、ピュタゴラス派の人びとは、当時のギリシア人一般の考えかたにしたがって、数の一つ一つを碁石のようなものと考え、数をいろいろな形にならべて、それについて思索したという。

すなわち、ピュタゴラス派によると、数1は点、2は線、3は平面、4は立体であり、その和は1＋2＋3＋4＝10となって、数の系列は一応、完成する。また、かれらが神聖な形と考え、それに誓ったといわれる三角形は、1から4までの整数を順においてできるが、しかし、それは、この三角形にかぎらず、$1+2=3$，$1+2+3=6$，$1+2+3+4=10$，$1+2+3+4+5=15$という順に無限にあり、また、それぞれの三角形が形成する数の和の系列は、3、6、10、15、21、28と無限につづく級数をなす。そしてこれらの級数の各項は、その形成する形のゆえに「三角数」とよばれた。

なおそのほかに、「正方数」として、奇数を1から順に加えることによって生ずる数（4、9、16、25など）を考え、（これらの正方数は正方形で示されるが、この図式から、$1+3=4=2^2$，$1+3+5=9=3^2$，$1+3+5+7=16=4^2$などという関係がただちに認められる）また「長方数」として、偶数を順次に加えて生ずる数（$2+4=6$，$2+4+6=12$，$2+4+6+8=20$など）を考えた。

このように、数を点や形であらわすことは、幼稚なことのように思われるかもしれないが、しかし、それは空間の数的関係の学問として幾何学の発達をう

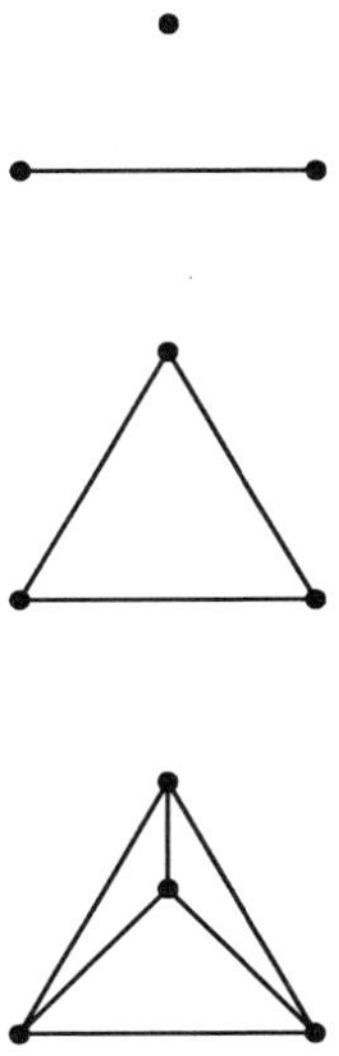

1：点

2：線

3：平面

4：立体

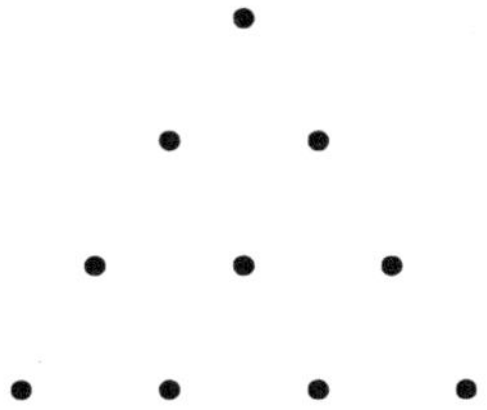

1+2+3+4=10

三　角　数

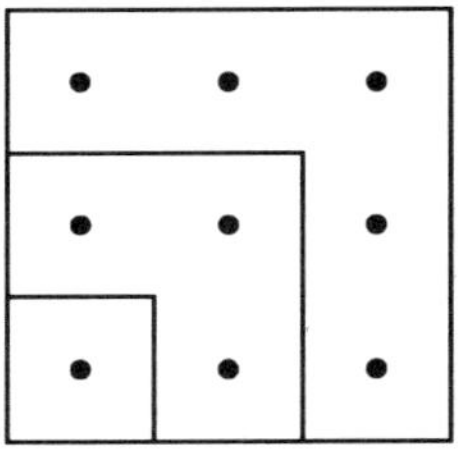

$1+3+5=9=3^2$

正　方　数

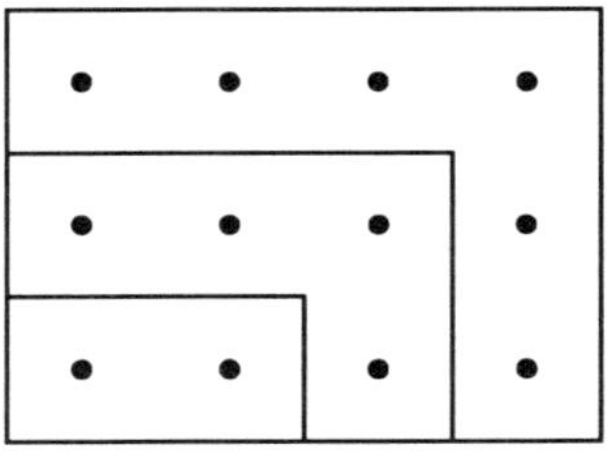

2+4+6=12

長　方　数

ながすことになり、数の持つ不思議な形成力と組織力に、いよいよ、「万物は数である」という思いを深めたものと思われる。

また、かれらは、音楽についても数学的研究をすすめ、音の高低が弦の長さに数的に比例することを知っていたといわれ、音楽にも異常なほどの興味を示した。

ピュタゴラス派からは、最初の地動説の考えかたが生まれた。かれらは、数学者だけでなく、天文学者でもあったわけである。この学派の人であるピロラオスは、太陽、地球、月、惑星、恒星は世界の中心の火《ヘスティア》のまわりを、数学的規則にしたがって運行していると考えた。このピロラオスの説明は、数学的法則が天体の運行を支配するという考えかたとして、後世に大きな影響をあたえたものである。

そして、天体の運行が数学的法則にしたがっておこなわれるとともに、宇宙の天球はある秩序にしたがって一つの共通の中心をめぐり、数的にきまった間隔をおいて運動し、その調和から、微妙な「天界の音楽」が奏されるとなした。その音楽は、ふつうの人には聞こえないが、ピュタゴラスには聞くことができたという。かれの神秘的体験としては、十分あり得たことであろう。

こういう秩序的統合すなわち調和（ハルモニア）は、「数」によって成立するという洞察が、ピュタゴラス哲学の核心だったのである。すなわち、この世界のアルケーは、「数」であるという思想であった。

この思想は、のちの哲学者たちに、大きな影響をあたえた。

ミレトスの哲学者たちの示したアルケーは、この世界に存在する物質であった。しかし、ピュタゴラスたちの示したアルケーは、「秩序」「調和」という心の中でつくられる概念であった。形あって形なきものであり、この世界を超えた永遠なるもの、不死なるものにつながるものであった。

それは、ピュタゴラスたちが宗教を信じていたからかもしれない。宗教によって、不死なるもの、この世を超えた(超越)永遠なるものをつねに希求する精神が、そこに到達させたのであろう。ただし、この世を超えた永遠なるものであるアルケーが、「神」であるとしたら、宗教になってしまう。哲学者であるかれらは、冷静に数であるとした。かれらは宗教者でなくて、哲学者であったのである。かれらが、自分たちの宗教の理論的基礎づけをしなかったのは、なんら不名誉なことではなく、ただ、かれらが宗教者でなく、哲学者であったというだけのことであって、このことはむしろかれらにとって名誉なことであったろう。

このピュタゴラス派のアルケーに関する思想は、それ以後の哲学史に大きな影響をあたえているのである。この地上の世界のほかになにかがあるという思想は、プラトンのイデアの思想に受けつがれ、キリスト教に影響を及ぼし、さらにデカルトの神への確信へとつながっていくのである。

ソクラテス——落日の荘厳

ソクラテスの哲学を理解する上で、かれの生涯をふり返ることは無意味ではない。人びとへのソクラテスの影響が大きなものになったのは、かれの言葉以上に、かれの生きかた、また、かれの最後にあたってかれの選びとった行為そのものによるからである。

かれは書物を書かなかった。かれの思想を知るためには間接的資料によるしかない。間接的資料よりも雄弁に語っているのは、かれの鮮烈な生きざまである。すなわち、かれは自己の哲学を生きた人なのである。

ソクラテスは、前四七〇年、父ソプロニコス、母パイナレテの間の子としてアテナイに生まれ、前三九九年、刑死によって七十年の生涯を閉じた。母は産婆、父は石工であったとつたえられる。父は相当の市民であり、資産もあったとつたえられる。

ソクラテスの前半生については、たしかなことはほとんど知られていないが、三十歳代後半から四十歳代後半にかけて、ペロポネソス戦争との関連で、三度出征している。よく任務を果たし、勇気を示して、多くの人から讃嘆されたといわれる。

かれの日常生活は、アゴラその他で、とくに若者たちと人間の生きかたについて対話することについやされ、その「使命」に没頭して家のことはかまわなかったため、また、この「使命」を職業化しなかったために、ひどく貧乏であったといわれるが、生活は、家産と友人たちの援助で、どうにか保たれていたらしい。かれの妻クサンティペは、がみがみ女の典型で、悪妻の標本のようにいわれるが、かれとの間に三人の子どもがあり、プラトンによると、むしろ情にもろい素直な女性であったようだ。どんな素直な妻君にしても、亭主が家のことを一切かまわず、年中家を留守にして若い者たちと議論を交わしているということでは、がみがみ文句もいいたくなるだろうと、わたくしはクサンティペに同情する。

ソクラテスは、肉体的にも精神的にも、一風《いっぷう》変わったものを持っていたようである。

かれの風貌はまったく怪異であり、その歩きぶりはアヒルのようであったといわれるが、しかしかれが一度話しかけると、その容貌の醜怪《しゅうかい》さはたちまち消え去って、なんともいえぬ明るさと親しさが感ぜられたという。

身体も強健で、前にのべたように戦争に出征したときには、その勇気と忍耐は、だれにも劣らなかった。

そして、つねに節制を重んじ、きわめて簡素な生活に満足し、年じゅうおなじ衣服を着て、はだしで歩きまわっていた。しかし、人との交際は好きで、招かれれば、よろこんで宴席に出て、いくら飲んでも酔わなかった。かれは、人生の享楽をこころよく受け入れながら、しかも節度を忘れない点においても、古代ギリシア人の典型であった。

政治とは絶えず距離をとっており、これという公職にはつかなかったが、市民の義務はよく果たしていた。

しかし、かれの風変わりな生活のうちで、とくに風変わりであったのは、突然、ふかい瞑想に入ることであった。

プラトンの語るところによると、戦場においてであるが、ある朝、ソクラテスは、立ってなにごとかを瞑想しはじめた。そして、昼になってもおなじ姿勢で瞑想をしつづけている。夕方になって兵士たちが食事をしたのちも、なお立ちつづけているのである。それで、兵士たちがそこへベッドを持ち出してみていると、ソクラテスは夜通しそういう状態で瞑想しつづけたのち、翌日の日の出の際、ようやく我れに返って、太陽に祈りをして立ち去ったという。

つぎに、ソクラテスは、少年のころから、ある神秘的な声――ダイモニオンの声――をその心の内に聞いていたといわれる。

この声は、かれになにか危険がせまったとき、あるいはかれが何かまちがったことをしようとしたとき、いつもかれの心の内に聞こえて、かれをひきとめるのであった。これは、いつも、なになにせよという積極的な命令ではなくて、なになにするなという消極的な制止のかたちをとり、また、良心の声などといわれるものとちがって、それはなにか神秘的なものを持っていた。かれの人間ばなれをした瞑想ぶりとあわせて、非常に興味ぶかいことである。

ソクラテスの「使命」

ソクラテスの前半生については、前にのべた通り、正確なことはつたえられていないが、プラトンの『パイドン』において、ソクラテスが、いわば自叙伝的に語ったところによると、ソクラテスは、はじめ、自然学の研究に没頭し、物の生成と消滅の原因を発見しようと努力した。また、ソクラテスは、かのパルメニデスが提出した「存在」の問題ともとり組み、とくにゼノンの「パラドックス」に悩まされた。そして、哲学者たちのたがいに矛盾する学説を知って、真理ははたして存在するのかと絶望におちいることもあった。そうしたとき、たまたま、アナクサゴラスの本を読んで、精神（ヌース）が人間社会の秩序の原因であるように、自然の法則と秩序との原因でもあるという説を知って大いに感激した。しかし、このアナクサゴラスが考えた「ヌース」というものも、結局、物質的なものであって、宇宙のはじめに「渦巻き」（旋回運動）をおこす原因にすぎないことを知ってまったく失望した。そして「自分は自然学研究に対するセンスがない」ともらしている。

しかし、そのうちに、かれの人生を決定するような出来事が起きたのである。

デルフォイの神託

プラトンが『ソクラテスの弁明』において語るところによると、（おそらくソクラテスがまだ三十五歳にならぬ頃）若いときからかれの友人であったカイレフォンというなにごとにも熱中しやすい男が、デルフォイの神託所をたずねて、大胆にも智慧の神アポロンに、「ソクラテスよりも賢い者がいるかどうか」というお伺いを立てた、という。

すると巫女《みこ》の答えは「ソクラテスより賢い者はいない」というものであった。

ソクラテスはこの神託をまったく真面目に受けとり、それがかれの人生の転回点となったのである。それについては、かれの当時おかれた精神的な背景もあったようである。

というのは、さきにのべたプラトンの『パイドン』にあるように、ソクラテスは若いころ熱狂的に自然学を研究していたが、やがてこの種の研究が、事実の「いかに」を説明するのみで、「なぜ」の問いに答えないことに気づき、その後この種の研究を放棄したという。

ソクラテスは、『パイドン』で自然学を放棄したのは、自分には自然学研究に対するセンスがないからだなどと洩らしているが、じっさいは、これが原因だったと思われる。要するに、ソクラテスは、宇宙や人間についての自然学的な研究から、善の研究へと心の向きを変えつつあった時であり、このような精神的転回のさなかにおいて、この神託は、ソクラテスがあるべき自己に向かって一歩を踏み出す大きなきっかけになったのであろう。あるいは、どうすべきかと迷いの中にあって、デルフォイの神託に自分の将来を託してみたのかもしれない。

さて、この神託に直面したソクラテスは、まず、大きな驚きを感じた。自分は智者だとは夢にも思わないのに、いったいこれはどうしたことかと、長い間、神意のほどを推しはかることができずに当惑していた。

「いったい、神々はなにをいおうとしているのか、なんの謎をかけておられるのか。私は、自分が智慧のある者ではないことを、だれよりも自覚しているのだから」

そこで、かれは、自分より賢い人間を見つけ出して、神託のまちがっていることを示そうと考えるようになった。

そこで、ソクラテスは、賢明の誉れ高い政治家、詩人、職人たちを歴訪し、かれらの賢明さを吟味《ぎんみ》するという仕事にとりかかるのである。

その結果、ソクラテスが発見したことは、かれらは自分でもそう思い、他人にもそう思われているが、事実は少しも賢くないということであった。政治家や詩人は、自分の本職である政治や芸術について、なにも確かなことを心得ていなかった。それにくらべると、職人は自分の仕事について心得ている点ではまだましであったが、不幸にも、人間性の上でもっとも大切なことがらを理解していなかった。

そうしているうちに、ソクラテスは、神託の意味がわかるようになったのである。すなわち、この謎によって神アポロンが教えようとしたことは、「人間の智慧が無にひとしいということであり、人間の賢明さとは、ソクラテスのように自己の無知を自覚することである」ということであったのである。

ソクラテスは、この「無知の知」において、いうなれば、「無知の自覚」において、他の者以上に知っている。そしてそれこそが、「ソクラテス以上の智者はない」という神託の意味である。

このように悟るやいなや、ソクラテスは、この「すべての人間がかならず知らねばならぬもの」があることを人びとにつたえ、人びととともに探求することを自分の神から与えられた使命であると感ずるようになった。

ソクラテスの有名な「吟味問答《エレンコス》」「対話」はこのようにしてはじまったので

ある。

「対話」

ソクラテスは、その使命の達成のために、街頭に進出した。かれは「市場」や「体育場」や、あるいは友人の家にあらわれ、哲学者でも、政治家でも、商人でも職人でも、あらゆる種類の人びとをつかまえて議論した。

一般に、古代ギリシア人は、言葉を愛し、多く語ることを好んだといわれるが、ソクラテスは人びとと語り合うことをかれの使命の達成にとって必要であると考えたばかりでなく、そうすることに生き甲斐を感じたのであろう。かれは、一度議論をはじめると、なんらかの決着を得るまで、相手を容易に離さなかった。

かれは一冊の書物も書かず、また、講義というようなものもしなかった。かれは弟子に授けるような既製品《レディメイド》の知識を持った教師ではなかったのである。かれの議論の相手となる者はだれでも、かれの仲間であり、真理の共同の探求者だった。

プラトンの伝えるところによると、かれは自分を、神によってアテナイという巨大で気品のある軍馬につけられた「あぶ」にたとえていた。すなわち、軍馬をつねに覚醒させておくためには、「あぶ」のように刺しまわらねばならないが、ソクラテスは、アテナイの市民を覚醒させるために、その一人一人を刺し廻る使命を持っているのだというのである。

『ソクラテスの弁明』によると、ソクラテスは「吟味されない生活は人間にとって生きるに値しない」といったといわれるが、人間は絶えず吟味されていなければならず、そしてその吟味の方法が、ソクラテスの「対話」なのである。すなわち、ソクラテスはかれがつかまえた議論の相手から意見を引き出し、その説明をさせながら、それを吟味して、行きづまらせ、ついに相手にその無知を告白させる。かれ自身は自分の意見を述べず、ただ自分の知らないということのみを知っているとする。これが、「ソクラテスのアイロニー」である。

対話の相手の意見を否定して、そのあと、ソクラテスはどのような意見をも述べない。そこで、当然、相手は怒り出す。たとえば、やりこめられたトラシュマコスは、腹を立ててこういった。

「これがおなじみのソクラテスの空とぼけ（eirōneia）ということだ。あなたは答えることをしない。だれかに質問されると空とぼけて、なんだかんだといいつくろって答えるのを逃げてしまう」

と。

またヒッピアスもこういっている。

「君はすべての人に質問をかけてぎりぎり調べあげるが、自分のほうから説明もしなければ、なんの意見も述べようとはしない」

だから、eirōneia だときめつける。

エイローネイアとは、詐欺、騙《かた》り、韜晦《とうかい》などを意味する非難の言葉である。やりこめられた対話者の口惜しさの思いが、まざまざとつたわってくる。

だが、ソクラテスのこの姿勢を、不誠実の韜晦として非難することはまちがいである。

ソクラテスは、特に、当時、「ソフィスト」(智者)と名乗る弁論術の教師たちを相手に、「無知の仮面」をつけて、かれらに自説を述べさせながら、ついに矛盾にひきいれて、その知識の空しいことを暴露《ばくろ》させたのである。しかし、

「ソクラテスのアイロニー」は、ただの嘲笑のためのものではなく、すぐれたユーモアをたたえながら、精神の土地に真理の種子が生育するように、まずそこから雑草を引き抜こうとする真剣な努力であったのだ。

ソクラテスによると、知識は、それを、所有する者から所有しない者に手渡される物品のようなものではなく、各人がすでに自分自身の内に可能性を以て所有しているものなのである。しかし、それを、自分の力だけで生み出すことは困難であって、この知識を生み出すためには他の援助を必要とする。ソクラテスは、かれの「仲間」と議論をつづけながら、相手の正しい考えと正しくない考えとを区別し、本質的なものと本質的でないものとを分かち、一つの観念を他の観念によって訂正したり補足したりして、ついに相手が、その内部に可能性を以て持っていた真理の知識を自分の力で生み出すようにしてやる。つまり、ソクラテスの信念は、「自分の思惟の活動によって生み出した知識のみがその人の真の知識だといえる」というものであったのだ。

ソクラテスは、この「対話」による真理の探求を、自分の母の職業にちなんで、「助産術」(maieutic) と呼んだ。

わたくしは、これを「智慧の養成術」と呼びたいと思う。

さて、それでは、このソクラテスの「対話」は、どのように、また、なにを目ざして進められたのであろうか？ それはソクラテスの「問答法」(dialektikê ディアレクティケー、のちの弁証法) といわれるものであった。対話における意見の交換と修正を通じて、個々の事物からその本質を示す普遍概念を引き出すことを目標としたものであった。

たとえば、個々の勇敢な行為ということから出発して、それらのすべてに通ずる「勇気」の普遍的「本質」を探求する。すなわち、ソクラテスは、その対話においていつも、「とはなにであるか」と問うたのであるが、この問いは普遍的「定義」を求めることであり、そしてどこまでもこの問いをつづけて、それにたいする究極の答えのみが真の認識であると考えられた。

それでは、このような事物の本質をあらわす普遍概念はどうして得られるのかというと、定義が、ソクラテスの問答法の目標であったとするなら、「帰納法」(epagōgē)は、この目標に到達するための方法であったといえるだろう。すなわち、ソクラテスは事物の普遍的「定義」を求めるさい、いつもわれわれ人間の日常生活のうちに見られる個々の例から出発する。たとえば、靴屋や大工や牛飼いなどの生活が、ソクラテスの哲学的な議論の出発点であった。そして、ソクラテスは、各人の意見をたがいに比較しながら、段階的に、包括的な観念にまで上ろうとするのであるが、そのさい特に注意すべきことは、ソフィストの場合、各個人の意見をたがいにたたかわせ、結局、一方のものをして他方のものを打ち負かしてしまうことになるのに対して、ソクラテスは、たがいに対立する意見でも、その中にどこまでも共通のものを求め、最後に、「普遍的定義」に到達することを期待した点である。かれによると、人びとの意見はいろいろ混乱していて、そのままでは真理ではないが、しかしそのうちには真理の種子が宿っていて、整理することにより、真理の芽が出てくると考えたのである。

徳と知の論

ソクラテスの一生は、「徳が何であるのか」「善が何であるのか」についての絶え間ない探求であった。特に「徳」(aretē)についての普遍的本質の探求であった。

当時のギリシアにおいて「アレテー」というのは、ただ倫理的な意味の「徳」にかぎらず、どんな技術についても「有能」であり、「卓越」していることであった。たとえば、大工にとっては、家をりっぱに建てることが、その「徳」であると考えられたのであるが、しかし、家をりっぱに建てるためには、建築術をよく心得ていなければならない。一般に、技術においては、「徳」とはそれについて正しい知識を持つことにほかならないのであるが、ソクラテスは、この職業的技術についていわれ得ることを、人間の生活一般に拡大してあてはめたのである。つまり、ソクラテスは、建築の技術をよく心得ている大工のみが家をりっぱに建てるように、いかに生くべきかについて正しい知識を持つ人間のみが有徳の生活を送れるのであり、またそのような大工がりっぱな家を建てるように、そのような人間はりっぱな人生を送るにちがいないと考えた。ゆえに、「徳」は「知」であると主張したのである。

じっさいに、ソクラテスは、この「徳＝知」の説を徹底的におし進めたのであって、「善」についても、おなじ考えを主張した。

人間は、なにが善であるかを明らかに知るとき、ただそれに従って行動するだけではなく、それに従って行動せずにはいられず、だれも故意に悪をなす者はなく、人間が正しくないことをするように思われる場合、それは人が善を知らないか、あるいはその善の認識が不十分であるからだとソクラテスは主張した。

ここに、古代ギリシア人一般の特性であった「幸福」へのつよい要求が見られるのであるが、善はそれをなす者に幸福をもたらし、悪はそれをなす者に不幸をもたらすものであるかぎり、だれも悪と知りながら、故意に悪をなす者はいない、というのがソクラテスの確信であった。

以上が「徳は知である」というソクラテスの有名な「パラドックス」である

が、この逆説に対して、古来さまざまな批判がなされてきた。

これらの批判の代表ともいうべきアリストテレスの説がある。

アリストテレスは、つぎのようにいう。

――ソクラテスは、徳は知識（epistēmē エピステーメ）であると考えた。したがって、正義を知れば同時に正しい人となるのである。ちょうど、幾何学を知れば幾何学者となり、大工の技術を知れば大工となるように。

だが、この説はこの世の現実に明らかに矛盾する。なぜなら、この世には、無抑制者（akratēs）という者がいて、なにが善い行為であるかを知りながら、欲情、恐怖、憤怒などにつき動かされて、自己が判断する善とは逆の行為へと走ることがあるからである。つまり、ソクラテスは人間の行為のパトス的なものの力を十分に考慮していない――と。

だが、このアリストテレスの批判にたいして、まず第一に、ソクラテスがパトスとの戦いを知らなかったというのはあたらないといわねばならないのである。クセノフォン(前四三〇頃〜前三五四頃)の『想い出』のなかで、ソクラテスはしばしば克己抑制の徳の肝要なことを説きすすめ、「無抑制は人々を智慧からひき離し、善悪の認識に無感覚にさせる」といっているのである。

また、ソクラテス自身がこのような戦いを経て超人的な克己心を体得した人であったのである。

だから、アリストテレスのこういう批判は、ソクラテスのいう知を、幾何学や大工の技術の知と同類にあつかうことによるところから生ずるまちがいであるといわねばならないのである。

というのは、こういう種類の知は、頭で理解しさえすれば、これを習得することができるのである。それは、主体の変革を必要としない。善人でも悪人でも、誠実な人でも狡猾な人でも、おなじように大工の技術を習得することはできる。ソフィストの教えた知識は、弁論術であれ、文法理論であれ、他の何であれ、すべてこのような種類の知識であった。だから、かれらの知識は、教えられ得るのであった。

だが、正しい人になることと、正義についての理論を知ることとは、明らかにちがうのである。ソクラテスのいう知が、徳についての理論の認識ならば、アリストテレスの批判はその通りであろう。だが、ソクラテスのいう知は、そういうものではなかった。なぜなら、ソクラテスは、「徳は知である」といいながら、「徳を教えることはできない」といっているからである。

多くの優れた「有徳の人」が、自分の子どもに徳を教えることができなかった。なぜであろうか？

それは、頭で知るだけでなく、心の転換を必要とするからである。頭で知ることは教えることができるが、心の転換は、自分自身でおこなわなければならず、それは他人の教えられることではない。

ソクラテスのいう「知る」ということは、有徳の人になる行動をともなってこそ「知った」ということができるのであり、それができない者は知ったということにならないのである。無知なのである。

つまり、王陽明のいう「知行合一」であろう。

ソクラテスは、また、知を想起（anamnēsis）ともいったが、これは、自己自身のうちに内蔵され眠っている真理を自覚化し、その真理に気がつくということなのである。だから、ソクラテスは、自分はなにも教えることはできないといいつづけた。自分にできることは、各人が自己のうちから智慧を汲み上げてくるための介添役（産婆）だけだといいつづけたのである。

ソクラテスの知は、全人格転換の智なのである。そしてそれは、各人の深い内面的自覚が必要であるとし、魂（psychē）の転換への呼びかけとなった。そのためにかれは、人びとの怒りを買って、刑死することとなった。

生まれる前の「想起《アナムネシス》」

中期プラトンの代表作のひとつである『パイドン』は、ソクラテスの裁判から死までを記述している。

ソクラテスの死は、「悪法もまた法である」という言葉で有名だが、刑死を甘受したソクラテスは、死を少しも恐れなかった。『パイドン』には、その模様がくわしく記されている。

ソクラテスが死を恐れなかったのは、ソクラテスが、勇気ある人だけだったたのではなかった。ソクラテスにとって、死とは、魂が、肉体から解放されることを意味していたのである。そしてそれは、哲学者にとって理想の境地なのであった。

ソクラテスの考えによると、哲学者の目的とする「真理」の認識のためには、肉体などにわずらわされないことが最も好ましいのであり、むしろ肉体など、思惟の邪魔になるものなのである。人は純粋に思惟することによって、「真理」の認識に近づくことができるのであって、人間の魂にとってもっとも純粋な状態は、肉体から切りはなされた状態、すなわち「死」なのである。

ここに、わたくしたちは、ソクラテス――プラトンという系列の思想にたいするピュタゴラスの大きな影響を見ることができるのである。

それは、肉体からの魂の離脱という思想であり、不死にして永遠なるものへの憧《あこが》れである。そして、純粋な魂の思惟によって認識されるものこそ、〝正しさ〟そのもの、〝善〟そのものであり、それがつまり、ソクラテス、プラトンのいう「イデア」なのである。

それを、ソクラテスは「それぞれの存在の本来的のもの」と表現している。

「そのもの（それぞれの存在の本来的なもの）とはなにか？」

ここで、さきにのべたパルメニデスの考えた「在る（存在する）」ものが、変化しないものであるということを、思い出す必要がある。

エンペドクレスや、デモクリトスは、この変化しない存在を元素やアトムという現実的な存在に求めていたのが、ソクラテスやプラトンは、〝正しさ〟そのもの、〝善〟そのもの、というイデアに求めていったのである。

たとえば、現象の世界に三角形そのものは存在しないが、あるものを三角形と認識するのは、三角形らしきもの、不完全な三角を通じて三角形のイデアを見ているから、それで三角形と認識するのだというのである。

さらに、『パイドン』の中で、プラトン（およびソクラテス）は、「等しさ」

のイデアについてつぎのように説明している。たとえば、ここに等しく見える二本の材木があるとする。人がこの二本の材木を見て「等しい」と思う。だが、この「等しさ」はどこから来るのか。「感覚」からだろうか。だが、べつな人が別な位置から見たとき、この二本の材木は等しくなく見えるかもしれない。だから、「等しさ」そのものは「感覚」の中にふくまれていない。では、「等しさ」はどこから来るのか。それは、二本の材木の背後に「等しさ」のイデアを見ているからなのである、とプラトンはいう。

この二本の材木が「等しい」か「等しくないか」と考えているとき、その人は「等しさ」のイデアを想起《アナムネシス》しているのだというのである。

どこから想起しているというのか？

「生まれる以前」というのがプラトンの答えである。

イデアとロゴス

イデアということばは、ヨーロッパ語の系譜でいうと、観念《イデア》や理念《イデー》ということばの起源になっているが、プラトンは、このイデアがただたんにわたくしたちの頭の中にあるだけのものだとは考えなかった。ピュタゴラス派が、数がこの世界の秩序としてまず先にあるのだと考えたように、プラトンはイデアがまず在って、それからわたくしたちの頭の中に浮かんで来るのだと考えた。つまり、プラトンにとって、イデアとは客観的な存在だったのである。そう考えてくると、イデアとは、パルメニデスがもとめたように、変化しないものであり、また、分けることのできない存在だということになる。つまり、世界の

「アルケー」なのである。

ここで、プラトンがイデアの問題として提出しているのは、現代式にいえば、概念は判断に先立つ、ということである。たとえば、わたくしたちは、犬という言葉（概念）を知らずして、目の前のポチを「ポチは犬である」と判断することはできないのである。

だが、プラトンあるいは古代ギリシア哲学にとって、判断に際して、イデア（「等しさ」のイデア）が先にあるということは、たんに判断（認識）だけの問題ではなく、魂が不死であるかどうか、変化しない存在があるかどうか、あるいは、わたくしたちのこの身体といわゆる現世をどう考えるか、その他さまざまな問題がからんでくるのである。

さきに、プラトンは、生まれる前に持っていたイデアが想起されるのだといったが、人間の霊魂は、身体という牢獄に閉じこめられているために、イデアをそのまま見ることができない。かつてイデアの世界にあって知っていたことを忘れているのである。しかし、現象の世界にあって、似たものを見ると、イデアの世界にあって知っていたことを想い起こす。これが真理の認識だというのである。

プラトン（およびソクラテス）の考えでは、感覚によってとらえられた「等しさ」は、「等しさ」そのものではないのである。感覚は人によってちがう。感覚によっては、「等しくない」ものを「等しい」と思いちがえたり、「等しい」はずのものを、「等しくない」と思ったりするからである。

このことを、プラトンは、「感覚でとらえられたものは、すべて、まさに（等しいこと）にあこがれているが、しかし及ばないところがある」といっている。

感覚は不完全なものである。だが、人は生まれるやいなや、感覚しはじめている。だから人は感覚からはなれることはできない。哲学は純粋に思惟するための訓練なのだが、しかし、純粋に哲学そのものであった人はいない。だが、わたくしたちは(純粋に)「等しさ」のイデアを想起する。もし、現世におけるわたくしたちの生が感覚の束縛をまぬがれ得ないのならば、わたくしたちは、どこから(純粋の)イデアを「想起」することができるのか?

「生まれる以前」からではないか、というのが、プラトンの答えなのである。

そこで——魂が、このように、変化しない不死のものにつらなっている以上、わたくしたちのこの変化する肉体から魂が離れて死を迎えたとしても、魂が消え去るわけではないではないか。

これが、ソクラテスの死にのぞんで語った魂の不死にたいする確信の根拠であり、哲学者にとって、死はむしろ歓迎すべきものということになる。

死とはイデアの世界にもどることであり、イデアの世界とは魂の故郷であり、また、魂がもどっていく永遠の場所なのであった。

ピュタゴラスの登場以来、わたくしたちの眼に見えぬものが哲学の主題になってきた。そしてパルメニデスによって、真の存在は変化せず、部分を持たない一であるものとされた。この系列を受けついで、ソクラテスとプラトンによって、変化しないイデアがこの眼に見える世界の背後に考えられた。イデアは変化せず、この世界のアルケーであるということにおいては、たとえば、ピュタゴラスの数と変わりないが、しかし、よりはっきりと、わたくしたちの「ことば《ロゴス》」でもとめることができるものである。

哲学は、この多様な眼に見える世界の背後にほんとうの存在をもとめようと出発したのだが、ようやく、ロゴスに到達したのである。すなわち、ロゴスとは、わたくしたちがあってしかるのちに生まれたものではない。最初にロゴス（イデア）があって、この世界が生まれたのであった。

聖書の冒頭の有名な一句、

「はじめにロゴスありき。ロゴスは神とともにあり。ロゴスは神なりき」

とあるこのロゴスは、さまざまに訳されている。

「言葉」「行い」「光」、つまり、ロゴスとは、ことばであるだけではなく、ことばの中に宿る真理、その真理を現わす光、あるいは、ことばを通じてわたくしたちにささやきかけてくる神秘的な力などを意味する。

この聖書、ヨハネ伝福音書は、一世紀の末に、小アジアで、十二使徒の一人ヨハネにより著されたもので、

「イエスはロゴスである。このロゴスが地上に来て、人間となったのがイエスである。彼は神の啓示者であり、生命と光との所有者、神の子である」

といったように表現されている。

ヨハネは一世紀の末の人であるから、紀元前四七〇年生まれのソクラテス、

前四二七年生まれのプラトンのおよそ五〇〇年以上もあとの人である。

キリスト教の成立に、ギリシア哲学の思想が、いかに役立っているかを如実に示すものであろう。

ダイモニオンの声はイデアの声

ソクラテスの死について、もうひとつつたえられている重大なことがある。

ソクラテスは、法廷で刑死の判決を受けた。じつは、人びとはかれを死刑にまでするつもりはなかったのだが、ソクラテスの使命感にもとづく断乎とした所信陳述の前にのっぴきならなくなり、ついに死刑の判決をくだしてしまった。

当時、アテナイのしきたりでは、死刑の判決を受けたものは、二十四時間以内に刑を執行されることになっていたが、ソクラテスはある偶然の事情で、約一カ月間、獄中ですごした。その間に、ソクラテスの仲間のクリトンらは、周到な脱獄の準備をしてかれに逃亡をすすめたが、かれは応じなかった。紀元前三九九年の晩春、ソクラテスは、従容として毒杯をかたむけた。

かれにとって、死とは、イデアの世界にもどることであり、イデアの世界とは魂の故郷であり、魂がもどっていく永遠の場所なのだから、なんら異とするに足りず、むしろ、懐かしの故郷に帰っていくという思いであるのかもしれないが、また、こういうことも語っているのである。

かれが、しばしばダイモニオンの声を聞いて行動を決めたことがあるということは、さきにもしるした。

ソクラテスが、法廷で死刑の判決を受けたのち、つぎのようにいっているのである。

「今度の事件は、たぶん私にとって善いことであろう。なぜなら、例のダイモニオンの声がなにも知らせず、私に反対しなかったのだから」

と。

死刑の判決を受けるということは、常識的に考えれば、最悪の状況である。この上ない災厄といわねばならぬ。だが、それをも善であるといいきる逆説的確信の根拠が、ダイモニオンの声なのである。つまり、ソクラテスは、ダイモニオンの声において、なにか決定的な真実につながっていた、と考えざるを得ない。

この声は、生涯にわたって、しばしばソクラテスを訪れたという。それは、積極的な助言をしてかれを或る行為へ導くのではなく、禁止というかたちで真実を告げたといわれる。

もともとダイモーン（daimōn）とは、ギリシアの長い宗教的伝統のなかで、神ではないが、人間を超える霊的存在をあらわしていた。それは、いわば、神と人間を媒介する中間者であった。プラトンも『饗宴』のディオティマの説話の中で、エロースが神と人間の中間にいる偉大なダイモーンであり、神々へは人間からの祈願を送りとどけ、人間へは神々の命令を伝達するといっている。

しかし、ソクラテスのダイモニオンを、なにか特定の宗教にむすびつける必要はないであろう。

わたくしは、ひそかにこう思っているのである。

ソクラテスにとって、ダイモニオンの声は、イデアの声ではなかったか、と。

わたくしは、ソクラテスのイデアの発想は、ダイモニオンから出ているのではないかと思っている。

ダイモニオンの声から、ソクラテスは、概念が判断に先立つことを考えたのではなかろうか。

ソクラテスは、七十余年の生涯を、すぐれて偉大な哲人として過ごした。その間、しばしばダイモニオンの声を聞き、それにしたがって、誤ることなき人生を送った。

最後のダイモニオンの答えもまちがっていなかった。かれが、もしも、獄中から逃亡していたら、ソクラテスは、偉大な哲学者としてその名を止どめることはなかったろう。ダイモニオンは正しかったのである。

したがって、ソクラテスは、霊的な声を聞く狂信者でもなかったし、精神異常者でもなかった。ソクラテスのダイモニオンにたいする信念は、確たるものであったが、神とか神と人との中間者とかは考えなかったろう。

哲学者として、イデアという発想につながっていったのではないかと思うのだ。

そしてその思想は、プラトンへとつながっていったのである。

ソクラテスからプラトンへ

プラトンの哲学は「イデアの説」である。

あるいは、すくなくとも、「イデアの説」がプラトン哲学の中心をなすといわれる。

しかし、このプラトンの「イデアの説」を理解するためには、まず第一に、この「イデア」ということばが、プラトン以後まったくその意味が変わってしまったことに注意しなければならない。すなわち、こんにち、idea といえば、だいたい「観念」を意味するが、しかし、idea または、eidos は、idein (=to see) から起こった語であって、いわば精神の眼によってみられるものの「真のかたち」、そのあるべき「すがた」であった。

それでは、このものの「真のかたち」である「イデア」または「エイドス」とはどういうものであろうか。

たとえば、わたくしたちは、三角形について、その内角の和は二直角に等しいなどという。そしてそれが真実であることを知っている。

しかし、なにについてそういうのであろうか。

それはわたくしたちの知覚する三角形についてであろうか? しかしそれは、どれほどうまく描かれたものであっても、三角形の定義を完全にみたすものではなく、ただ三角形に似ているにすぎない。ところが、幾何学の対象となる三角形は、その定義を完全にみたすような図形である。なおまた、わたくしたちの知覚する三角形は、二等辺、直角三角形などという特定の三角形であるが、幾何学において、その内角の和は二直角に等しいといわれる三角形は、特定の三角形でなくて、三角形一般である。そして、この幾何学の対象となる三角形は、知覚の対象となる三角形がどのように変わろうとも、また無くなろうとも、永遠に不変である。

すなわち、わたくしたちの知覚の対象となる変化する個々の不完全な三角形を超えて、永遠に不変であり、普遍的（一般的）で完全である三角形があり、そしてこの真の三角形のかたち（三角形の「エイドス」または「イデア」）は、知覚の対象となる個々の三角形を通して、いわば「理性の眼」によって見られる。そしてこの三角形の「エイドス」または「イデア」こそ、さきにいったように、幾何学という学問の対象となるところのものであり、そしてそれがまたわたくしたちの描く三角形が完全だとか不完全だとか判定される基準になるものなのである。

なお、プラトンが真の実在である「イデア」について語る場合に、好んであげる例として、道徳と美とに関するイデアがある。

すなわち、わたくしたちは、ある行為について、それがより正しいとか、より正しくないとかいい、またあるものを見て、より美しいとか、より美しくないとかいうけれども、そのような判定をする場合、わたくしたちはなんらかの基準に照らして判定する。この場合も、個々の正しい行為や、あるいは美しいものを通して、ある完全で理想的な「正義」や「美」のかたち（つまり正義や美の「イデア」または「エイドス」）を見ているのである。（そうでなければ、判定ができない）

ソクラテスと、プラトンの、イデアにたいする考えの違いを見ると、ソクラテスは個々の有徳の行為（たとえば勇敢な行為、正義の行為）から出発して、「勇敢」「正義」の定義を求め、さらに進んで「徳」とはなんであるかを明らかにしようとしたのであるが、プラトンは、このソクラテスの求めた完全な徳を、じっさいに存在するものと考えたのである。（イデアにおいて）

そこで、こう考えることができると思う。

「イデアの説」は、ソクラテスから起こって、プラトンにより完成した。

ソクラテスは「イデアの説」に殉じた。

前にのべた通り、かれは、ダイモニオンの声を、イデアの世界からの声と聞いていた。イデアにしたがって、死刑を甘んじて受けたのである。

そのソクラテスの身をもっての実践を、プラトンは受けついだのである。

死の練習

プラトンの有名なことばに、哲学は「死の練習（meditatio mortis）である」というのがある。

それを、抜粋して挙げてみよう。

「――はたして、このからだ（肉体）というのは、もしひとが探究の共同者としてこれを伴うならば、妨げになるものなのか、ならないものなのか――」（『パイドン』65A）

「そもそも思考のはたらき、つまりはことわりと共にあろうとする探究においては、われわれが生身の肉体をもち、われわれの魂がそのような悪にすっかり混じり合っているかぎりは、われわれの求めてやまぬもの、それを完全に獲得することは、断じて不可能なのだ。というのも、どうしてもわれわれは肉体を養わねばならず、それゆえに、かずかぎりのない煩わしさがいつも肉体によってわれわれにもたらされてくるからだ。

その上、なにか病気でもふりかかってきたとしたら、それこそわれわれの〈存在〉の狩は、その途を塞がれてしまうわけ。でまた、この生身の肉体は、愛欲とか欲望とか恐怖などの、ありとあらゆる種類の幻影と、かずおおくの愚かしさでわれわれを充たし、その結果は、まさしくこのからだのおかげで、世にいうように、まことわれわれには考える機会すら何ひとつ片時も生じないのだ。

というのもじじつ、戦争にしても内乱にしてもいろいろの争闘にしても、それらは、ほかならぬ肉体と、それのもつ欲望が生じせしめているのだからねえ！

なぜなら戦争はすべて財貨の獲得のためにおこるのだが、その財貨を手に入れよ、と強いるのは肉体であり、われわれはその肉体の気づかいにまったく奴隷のように終始している以上は、どのみちそうせざるを得ないのだからだ。こうして結局は、すべてそういったことのゆえに、（知を求めること）へと自分を向ける暇をわれわれはほとんどなくしてしまうわけなのだ――」（『パイドン』66B・C）

「で、まさにそのこと、すなわち、魂の、肉体からの解放と分離が、死と名づけられている、のではないのか」

「まったくその通りです」

「しかるにわれわれの主張では、この魂を解きはなつことを、つねにまたもっとも願っているのが、真正に知を求める者たちなのであり、またその願いはまさに彼らだけのものであったのだ。すなわち、この、魂の肉体からの解放と分離こそが、そっくりそのまま、知を求める者の不断の心掛けであったのだ。そうではないかね」

「その通りです」

「——してみると、真実あるところ、シミアスよ、ただしく知を求めるひと（哲学者のこと）は、まさに死ぬことを練習しているのである」とあの方はいわれた。（『パイドン』67D・E）

「まずひとつの場合として、魂がまさに清浄なるままに、肉体から離れさるとすれば、どうであろうか。すなわち、みずからすすんで肉体といっしょにあったことはその生涯において一度もなかったがゆえに、その離別のときには、肉体にかかわるいかなるものも共に引きずってゆくことはなく、いなむしろ魂は、そのときつね日頃それの習いをかさねてきたそのままに、肉体をまったく逃れてそれ自身へと集結し、純粋な魂そのものとなったとしてみたまえ。――ところでそれはとりもなおさず、真正の仕方で知を求めてきたそのままにということであり、また真にこころやすんじて死にきることを習ってきたそのままにということなのだ。それとも、どうかな、知を求めること（哲学すること）とは、まさに死の練習である、としていいのではないだろうか」

「まったくその通りです」（『パイドン』80E、81A）

すなわち、そのいうところによれば、哲学が根本においてもとめている智なるものは、われわれがこの現世の生活条件によって束縛されているかぎり、これに到達することはできない。われわれが一切の束縛から解放され、われわれの魂が純粋に魂自身になることによって、その根本の智、あるいは真実の智に到達することができるというのである。

このことは、すでにこれまでに紹介してきているが、ゴータマ・ブッダの智慧との対比において、たいへん重要な要素《エレメント》をふくんでいると思われるので、当津武彦教授の文章によって、解説してみたいと思う。(『哲学概説』)

——しかし、魂にとって束縛となるものはすべて肉体にかかわりあいをもつ。したがって、魂が一切の束縛から解き放たれてそれ自体になるとは、肉体からの解放にほかならないであろう。肉体からの解放とはつまり死である。したがって、われわれの魂はこの死においてのみはじめて純粋に自分だけとなり、そのような純粋さにおいて、真の智というものをみることができるようになるというわけである。そして魂はそこにおいて本来の生、つまり永生に入るのだとも説かれている。われわれがここにみるものは、生の謳歌とならんでおかれるような漠然とした死への讃美なのではない。哲学の希求するものが、その究極において死のかたちをとらねばならないと説かれているわけなのである。しかしこのように死が哲学の究極にあるのだとすれば、哲学がこの実人生においていかなる効用をもつかという設問そのものも、まったく意味をなさなくなってしまうであろう。なぜなら、哲学の効用についてわれわれが問いを出すとき、それはわれわれが生きているこの現実の生に対してどんな意義を有するかをたずねているわけであるが、いまやこの現実の生に対する否定的な契機としての死が、哲学のもとめるところとなったからである。そのかぎりにおいて哲学がたとえ実生活のうえに若干の効用をもったところで、それは哲学のこうした本義に照らして、とくにどうということはないであろう。いな哲学はこの世の生活のためには何の役にも立たないのであり、むしろそこに哲学の本領があり、そしてわれわれは、つとめてそのようであるよう心掛けねばならないということになる。かくて哲学は、現実の生とは無縁のものとして、むしろ死への準備を説くものとなる。しかしながらこの死への準備というのは、死すべき明日にそなえての遺漏《いろう》なき心掛けをとくようなことではない。それはむしろこの現実の生を生きつつ、しかもできるだけわれわれの魂を肉体との共同から解放し、それ自身の純粋さにとどめようとする努力なのである。この現実に処しつつ、彼岸の死を此岸におくことなのであろう。それはいまだ死ではないにしても、ひたすら死をこの生のさなかにおくこと、つまり「死の演習」だったのである。かくて死の演習とは、「魂のきよめ」を徹底して行なうための一種の解脱道であり、出世間の道を説くものともみられるであろう。

非常におもしろいと思うのである。

ソクラテス、プラトンの哲学にたいして、当津武彦教授が、「解脱道」といい、「出世間の道」と形容されているのである。ゴータマ・ブッダの智慧の探求の道に対して、どういうことになるであろうか？

アリストテレスの「形而上学」

紀元前六世紀のはじめ、ギリシア人に特有な「知識のために知識を求める」精神のあらわれとして起こった「ピロソピア」は、ソクラテスとプラトンを経て、アリストテレスにいたって、はじめて完全な自覚に到達したといわれる。

その自覚はまず、学問的研究じたいの反省と、その区分のうちに見られるのである。

前者は「論理学」を生み、後者は哲学と諸学（特殊科学）との分離を生んだ。哲学と諸学は、最初、一体だったのである。

アリストテレスによると、哲学または学問とは、直接の利益を目指さず、知ることじたいのもたらす満足を求める知識の組織された全体であるという。

じっさいに、かれが『形而上学』のはじめにいっているように、All men by nature desire to know なのであって、人びとがいまもむかしも哲学しはじめるのは「驚き」からである。この純粋な真理への探求心のないところには、真の哲学も学問も、あり得ないのである。

アリストテレスが、哲学または学問についてなした第一の大きな区分は、思弁的または理論的と実践的との区分である。

両者は、まず第一に、その意図からしてちがっている。すなわち、理論的学問の目的は、ただ知ることとであるのにたいして、実践的学問の目的は、ただ知ることだけではなく、その上に、事態をうまく処理できるように知識を用いることである。たとえば、倫理学や政治学は、人間の本性を知ろうとする学問であるが、しかし、それはただ知識欲をみたすためだけではなく、教育や政治の基礎のためである。

つぎに、両者は、その対象がちがっている。すなわち、理論的学問が「そうでなければならぬもの」、いいかえると、人間の意志から独立した事物や関係をとりあつかうのにたいして、実践的学問は、人間の意志によって変えられる関係をとりあつかう。したがって、前者の対象が「必然的なもの」であるのにたいして、後者の対象は「偶然的なもの」である。

さて、このようにして実践的学問から区別された理論的学問は、「第一哲学」

と「数学」と「自然学」(physica)との三部に分れる。

アリストテレスの「第一哲学」というのは、かれの著作の編纂のさいに、「自然学《フィジカ》」の後《メタ》におかれたということから「形而上学《メタフィジカ》」(metaphysica)とよばれるようになったものであるが、アリストテレス自身の表現によると、「存在であるかぎりの存在」「存在としての存在」の学問である。すなわち、存在のあらゆる領域に属する普遍的特性をとりあつかう学問である。

ところで、この存在の普遍的特性は、万物の存在の原因であるものにおいてもっとも明らかであるから、「第一哲学」はこの万物の原因であるところのものの特性をもとりあつかうのであり、アリストテレスによると、神こそそのような原因であるので、「第一哲学」は神の認識においてその頂点に達し、その意味において、「神学」ともよばれているのである。

いずれにしても、アリストテレスの『形而上学』は、神を目指すものであることは明らかで、中でも第十二巻は、もっぱら神について語ることにあてられている。アリストテレスの表現によれば、神は、第一形相《エイドス》であり、最高（究極）目的であり、第一動力因なのである。このことから、神は、みずからは他のなにものによっても動かされず、しかし他の一切を動かすものであり、「不動の動者」とよばれる。

みずからはぜったいに動かされず、他を無限に動かして尽きることなき存在は、「神」を説明する上においてこの上なき論理である。

これは、キリスト教神学の基本理論として転用された。

さて、如何であろうか。

これで、大体、主立ったギリシア哲学の学者たちの思索のあとをたどってみたつもりである。まだ、あげたい哲学者たちが何人もいるが、キリがなくなってしまう。前にもいったように、哲学史でもなければ、哲学概論でもない。かれらの、智慧を求めるということが、どういうものか、また、智慧を求める方法というものがどんなものか、わかっていただければよいのである。

それと、要は、ブッダの智慧との関わりを持つ哲学者たちをえらんだのである。

哲学がわかったであろうなどと、だいそれたことをいっているのではない。古代ギリシアの哲学者たちの、智を愛し、智を求めるということがどんなものか、その一端を知っていただくことができたら、よいのである。

第一部は『西洋古代中世哲学史』『テキストブック西洋哲学史』『イラスト西洋哲学史』等を参考・引用させていただきました。

【第二部】……

阿含《あごん》仏教――智慧の宗教

ゴータマ・ブッダの智慧

では、ゴータマ・ブッダが求めた智慧というのは、どのような智慧であったのか。

多くの人が知るように、ゴータマは、二十九歳のときに、将来の王位を捨て、妃と息子から去って、出家した。

なんのための出家か？

パーリ文「中阿含経」マハーシーハナーダ経によると、「聖智」を得るためであるという。

その聖智に達しさえすれば、その人は、神聖なる涅槃《ニルヴァーナ》を獲得し、一切の苦の滅尽に至るというのである。

また、パーリ文「中阿含経」聖求経は、ブッダみずから、「私は、不生不老不病不死不愁不汚の無上安穏の涅槃《ニルヴァーナ》を求めて出家した」とのべている。

要するに、ニルヴァーナに至る智慧を求めて、出家したのである。

では、なんのために、ニルヴァーナにいたる智慧を求めようと思い立ったのか？

ゴータマは、「驚き」を感じたのである。

All men by nature desire to know とアリストテレスが、『形而上学』でいっているように、人びとが、今もむかしも、哲学しはじめるのは、「驚き」からであるという。この純粋な真理への探求心のないところには、真の哲学も学問もない、とアリストテレスはいう。

ゴータマは、人間の上に必ずおとずれる「老・病・死」というものがあることを知って、すっかり驚いてしまったのである。

かれは、それまで、人間に、老・病・死というものがあろうとは、まったく思ってもみなかったのだ。

父の王が、かれに宗教心が起きるのをおそれて、側近の者に、それを知らせることをまったく禁じていたのである。

ところが、あるとき、宮廷の外に出たとき、それを知ってしまったのである。

人間に、老・病・死などというものがあろうとは！

かれにとって、晴天のヘキレキであった。

とすると、必然的に、生きていることじたいに目を向けねばならない。いつなんどき、病・死に襲われねばならない苦しみをかかえて生きているこの生とはなにか？　そして、確実に訪れてくる老いというもの。

考えれば考えるほど、怖れと驚きのこころが湧いてくる。

ゴータマにとっては、この生・老・病・死の四苦の解決は、人生至上のものであった。

それなくしては、生きていく価値のないものであった。

ギリシアの哲学者たちの、智を愛して求めるなどという悠長なものではなかったのである。それこそ、出家したゴータマは、決死の覚悟であったろう。

最初の出発点がちがっているのだから、ギリシアの哲学者たちの智慧とブッダの智慧とは、おなじく智慧といっても、ちがうところがあるのではなかろうか。

では、ニルヴァーナとは、いったい、どのようなものか？　それはどんなものか？

それを得たら、どうして生・老・病・死の苦が解決できるのか、だれしも聞きたいところである。

だが、それがどうもはっきりしないのである。

というのは、ゴータマは、自分がニルヴァーナに到達しておりながら、それがどのようなものか、その定義を一度も説明したことがなかったからである。

インドでは、人生の苦悩から離脱した境地を、一般に「解脱」とよんでいるが、仏教では「ニルヴァーナ」とよぶことがある。

ニルヴァーナとは、サンスクリット語であるが、パーリ語では「ニッバーナ」といい、漢字では音写して「涅槃」または「泥洹」と書く。漢訳の意訳語としては、老荘で説く「無為」を当てる。

ニルヴァーナのことばの意味についていては、いろいろと論議されている。「動揺をしずめる」「しずかに落ちつかせる」という意味の用例があるが、ふつうは、「(炎が)消えて滅びたこと」あるいは「(炎が)消えてなくなった状態」

を意味すると考えられている。ニルヴァーナに入ることは、水が火を消すことにたとえられる。

一世紀のアシュヴァゴーシャ（馬鳴）は、その著『サウンダラナンダ』（端麗なる難陀）の中で、ニルヴァーナを焰の消えるのにたとえている。油が尽きるときに灯火が消えるように、個人も、その悩み、すなわち煩悩（kleśa）が全く無くなると、消滅するというのである。なにが消滅するというのであろうか？　そこのところがはっきりしないが、要するに、あらたな別の存在になるということらしい。

ゴータマの弟子たちによって、ニルヴァーナはいろいろと表現されている。

「この世において愛欲を離れ、智慧ある修行者は、不死・不老・不滅なるニルヴァーナの境地に達した」（『スッタニパータ』）

「やすらぎ（ニルヴァーナ）とは虚妄ならざるものである。もろもろの聖者はそれを真理であると知る。かれらはじつに真理をさとったがゆえに、快をむさぼることなく、平安に帰している」（『スッタニパータ』）

こういった仏弟子たちの、ニルヴァーナについての表現はいくつも見られる。

また、ブッダ自身、弟子たちのニルヴァーナについての質問にも答えている。

たとえば、

（師がいった）「もろもろの尊敬されるべき人がやすらぎ（ニルヴァーナ）を得る理法を信じ、精勤し、聡明であって、教えを聞こうと熱望するならば、ついに智慧を得る」（『スッタニパータ』）

また、

「なにを断ずることによって、やすらぎ（ニルヴァーナ）があるのですか?」

という質問にたいし、

「妄執(taṇhā)を断ずることによって、やすらぎ(ニルヴァーナ)があるのである」

と答えている。

ピンギヤという老人が、ブッダにたずねた。

「わたしは年をとったし、力もなく、容貌もおとろえています。眼もはっきりしませんし、耳もよく聞こえません。わたしが迷ったままで途中で死ぬことのないようにしてください。——どうしたらこの世において生と老衰とを捨て去ることができるのか、そのことわりを説いて下さい。それをわたしは知りたいのです」(『スッタニパータ』)

ピンギヤは、やすらぎ(ニルヴァーナ)を得たいと望んだのである。

ブッダは答えた。

「ピンギヤよ、物質的な形態があるがゆえに、人々が害なわれるのを見るし、物質的な形態があるがゆえに、怠る人々は（病いなどに）悩まされる。それゆえに、そなたは怠ることなく、物質的形態を捨てて、ふたたび生存状態にもどらないようにせよ」

ブッダは、物質的な束縛からの離脱を教えているのであるが、物質的な束縛からの離脱は、どうすればできるのか、かさねてピンギヤがただしたのにたいし、師ゴータマは答えた。

「ピンギヤよ。人々は妄執（taṇhā）に陥って苦悩を生じ、老いに襲われているのをそなたは見ているのだから、それゆえに、そなたは怠ることなくはげみ、妄執を捨てて、ふたたび迷いの生存状態にもどらないようにせよ」（『スッタニパータ』）

要するに、身体にたいする愛執を捨てよと説いているのである。

こういうように、ブッダは、ニルヴァーナに関する質問に答えているのだが、ニルヴァーナそのものの定義については、いっさい答えていない。ニルヴァーナを得る方法、ニルヴァーナに至る道については、相手に応じて、それぞれに答えている。けれども、ニルヴァーナそのものについては、いっさい答えていないのである。

「ミリンダ王の問い」に対するニルヴァーナ

『インド密教学序説』の著者、B・バッタチャリヤ博士は、このことについて、こうのべている。

この涅槃の真理が仏陀の上に開けたとき、かれは自己の満足をえたのである。この教理は、その当時、指導的なサーンキャ（Sāṃkhya　数論）の哲学者が教えたどの真理にもまして、高い教理であった。しかし、かれはその涅槃を定義したであろうか。

否である。かれは、それを問われるたびに、いつも答えた。

「汝はまず涅槃を体験すべきである。そうすると、それの何たるかは分る。それを知ることなどは、どうでもよい。涅槃をえれば、生と再生とからの自由をえるであろう。それが解脱である」と。

このブッダの「不思議な沈黙」（とバッタチャリヤ博士はいう）は、すべての仏教徒を悩ませた。

後世の仏教徒たちの間に、さまざまな論議を呼び、いろいろな説が立てられた。大乗仏教の誤りは、この「涅槃」の解釈の間違いから生じたのである。そのことについては、べつに説くことにするとして（拙著『「止観」の源流としての阿含仏教』参照）、漢訳経典では、どのように表現しているか？

「涅槃」を、漢訳経典では、つぎのようなことばで表現しているのである。

「――我れ（仏陀）今寧ろ此の法を捨て、更に無病無上安穏涅槃を求め、無老《むろう》無死《むし》無愁憂慼《むしゆううじやく》無穢汚《むえお》無上安穏涅槃《むじようあんのんねはん》を得たり。――」（『中阿含・羅摩経』）

無病無上安穏涅槃無老無死無愁憂慼無穢汚無上安穏涅槃、というのが、実に、「涅槃」の訳語なのである。これで、意味がわかるであろうか？

漢訳者たちも、これしか翻訳の方法がなかったのであろう。

涅槃の解釈について、むかしから有名な説話がつたえられている。前二世紀に、ギリシア領ヨナ国のメナンドロス王と、インドの僧ナーガセーナ長老との間に交わされた『ミリンダ・パンハ』（ミリンダ王の問い）の中の問答である。

一部をつぎに載せよう。

王は長老に対して、先ず「涅槃の境は比喩や説明や推理や証拠を以て、その色・相・寿・量を説明することが出来るか」と尋ねる。長老はそれに対して、「涅槃には比類すべきものがないから何を以てもその色や相や寿や量を説明することは出来ない」と答える。すると、王は「涅槃は現に存在する法であるから何等かの方法を以て説明が出来るであろう」と訴える。それに対して長老は「大海は現に存在する法ではあるが、人間の力では到底その水量を計り海中に棲む動物の数を算え得ないように、涅槃は現に存在する法ではあるが、如何なる方法を以てもその色・相・寿・量を計り之を説明することは出来ない」と答え、「但しその性質に就ては幾分説明が出来ないこともない」という。

王は大いによろこんで長老の説明を求める。そこで、ナーガセーナは涅槃について蓮華の一性質と、水の二性質と、薬の三性質と、大海の四性質と、食物の五性質と、虚空の十性質と、如意宝珠の三性質と、赤い栴檀の三性質と、醍醐の三性質と、山の頂上の五性質とを数えて次の如く物語る。

王よ、蓮華の一性質というのは、蓮華が水によって汚されないように、涅槃は如何なる煩悩にも汚されませぬ。

王よ、水の二性質というのは、水が冷やかで熱を和らげるように、涅槃は冷やかで一切の煩悩から生ずる狂熱を和らげます。また、水が、疲れた り心配した時に飲み物を望み渇に悩まされる人の渇をしずめるように、涅槃は貪欲に対する渇望、未来生活に対する渇望、現世の栄華に対する渇望を鎮めます。

王よ、薬の三性質というのは、薬が毒のために悩まされる人の避難所であるように、涅槃も亦煩悩の毒に悩むものの避難所であります。また、薬が病気を根治するように、涅槃も亦心の悩みを根治します。また、薬が長生の食物であるように、涅槃も亦長生不死の妙薬であります。

王よ、大海の四性質というのは、大海が屍をとどめないように、涅槃には一切の煩悩の死骸を容れませぬ。また大海が一切の河水を容れて余裕綽々たるように、涅槃も亦広大無辺であって、そこへ入り来る一切の衆生を容れて余裕綽々であり、また大海が偉大なる動物の住家であるように、涅槃も亦偉大なる人、一切の煩悩を減じ、力を得て、己れの主となった阿羅漢の住家であります。また大海が波の動くまま千姿万態の美しい漣波の花をもって満たされるように、涅槃も清浄の智慧解脱の千姿万容の美わしい花を以て満たされるのであります。

王よ、食物の五性質というのは、食物が一切衆生の生命を支えるように、涅槃も亦生命の支持者であります。なぜなれば涅槃は老死を超越した境界であるから。また食物が一切衆生の力を増やすように涅槃も亦衆生の神力を増します。また食物が一切衆生の美の根源であるように、涅槃も亦一切の衆生に神聖な美を贈呈します。また食物が一切衆生の苦悩を止めるように、涅槃も亦煩悩から生ずる衆生の苦悩を止めます。また食物が一切衆生の飢餓より生ずる衰弱を救うように、涅槃も亦飢餓と苦痛から生ずる衰弱を救います。

王よ、虚空の十性質というのは、虚空が生なく老なく死なく去なく後有なく不可測不可取無所依で、しかもその裡に無礙自在に鳥が飛びまわるように、涅槃も亦生なく老なく死なく去なく後有なく不可測不可取無所依で、しかも、その裡に無礙自在に阿羅漢が往来するのであります。

王よ、如意宝珠の三性質というのは、如意宝珠が人の欲望を満たすように、涅槃も亦人の欲望を満たします。また如意宝珠が人に喜楽を恵むように、涅槃も亦人に喜楽を恵みます。また如意宝珠が美しく光り輝くように、涅槃も亦美しく光り輝くのであります。

王よ、赤い栴檀の三性質というのは、赤い栴檀が容易に得られないように、涅槃も亦容易に得ることが出来ませぬ。又赤い栴檀が芳香無比であるように、涅槃も亦芳香無双であります。又赤い栴檀が善人から称讃せられるように、涅槃も亦善人によって称讃せられます。

王よ、醍醐の三性質というのは、醍醐が美しい色をもつように、涅槃も亦美しい徳の色をもっています。又醍醐が芳ばしい香をもつように、涅槃も亦芳ばしい徳の香をもっています。又醍醐が美しい味をもつように、涅槃も亦美しい徳の味をもっています。

王よ、山頂の五性質というのは、山頂が崇高なように、涅槃も亦極めて崇高であります。又山頂が毫も動かないように、涅槃も亦決して動きませぬ。又山頂が容易に攀じのぼれないように、涅槃の頂にも容易に攀じのぼることが出来ませぬ。又山頂にはどんな植物も育たないように、涅槃にも亦一切の煩悩は育ちませぬ。又山頂が喜怒哀楽を超越しているように、涅槃も亦喜怒哀楽を超越しております。

名解説というべきであろう。

詩的な美しい辞句をつらねて、朗々と説くナーガセーナ長老のことばに、メナンドロス王は、酔いしれたようになって、なっとくしたことであろうと思われる。しかし、あとになってよく考えてみると、わかったような、わからないような気持になったかもしれない。

ちなみに、このときに、メナンドロス王がナーガセーナ長老に、こういう質問をしたことも、記録に残っている。

ニルヴァーナを得るためには、非常に苦しい修行にたえねばならないことを聞いたメナンドロス王は、ニルヴァーナとは、そのような苦しい努力をしてまでも、求めねばならないものであろうか。ニルヴァーナが、理想の境地であるということがどうして知られるのであろうか？　と。

長老は王に反問した。

「大王よ、あなたはどうお考えになりますか。手足をまだ切断されたことのない人びとが、〈手足を切断することは苦痛である〉ということを知っているでしょうか？」

「尊者よ、そうです。かれらは知っているでしょう」

「どうして知っているのですか？」

「尊者よ、他人が手足を切断されたときの悲痛な声を聞いて、〈手足を切断されることは苦痛である〉ということを知るのです」

「大王よ、それと同様に、（いまだニルヴァーナを得ない人びとでも）ニルヴァーナを体得した人びとの声を聞いて〈ニルヴァーナは安楽である〉ということを知るのです」

ブッダの「不思議な沈黙」

ブッダは、あれほどニルヴァーナを得ることを弟子たちに説きながら、なぜ、ニルヴァーナじたいについては語ることを拒否したのであろうか。B・バッタチャリヤ博士は、これについて、「不思議な沈黙」といっている。しかし、これは、不思議でもなんでもないのである。

われわれは、それとおなじことを、ソクラテスの上に見ているではないか。わたくしは、さきに、こうのべている。(六四頁)

ソクラテスによると、知識は、それを、所有する者から所有しない者に手渡される物品のようなものではなく、各人がすでに自分自身の内に可能性を以て所有しているものなのである。しかし、それを、自分の力だけで生み出すことは困難であって、この知識を生み出すためには他の援助を必要とする。ソクラテスは、かれの「仲間」と議論をつづけながら、相手の正しい考えと正しくない考えとを区別し、本質的なものと本質的でないものとを分かち、一つの観念を他の観念によって訂正したり補足したりして、ついに相手が、その内部に可能性を以て持っていた真理の知識を自分の力で生み出すようにしてやる。つまり、ソクラテスの信念は、「自分の思惟の活動によって生み出した知識のみがその人の真の知識だといえる」というものであったのだ。

ニルヴァーナについての知識はあたえることができても、ニルヴァーナじたいについての知識は、つたえることができないのである。まして、ニルヴァーナについての智慧は、自分自身で生み出すよりほかないのである。

ブッダが、答えを拒否するのは、当然のことであったのだ。

智慧を得るためのブッダの修行

出家したゴータマ・ブッダは、最初、まず、アーラーラ・カーラーマという仙人をたずねて教えを乞うた。アーラーラは、当時、七〇〇人を越す弟子を持つ有名な聖者であった。

ブッダが、アーラーラ仙人をたずねた次第は、ブッダの回顧談として、つぎのようにのべられている。

わたくしはかくのごとく出家して、善なるものを求め、絶妙なる静安の境地を求めつつ、アーラーラ・カーラーマのいるところに往った。そこに往ってかれにこのように語った、――「アーラーラ・カーラーマよ。わたくしは（あなたの）この教えと戒律とにおいて清浄行を行なおうとねがうのです」と。こう言ったときに、アーラーラ・カーラーマはわたくしにこのように言った、――「きみよ。ここにいなさい。この教えは、そこにとどまるならば、智者は久しからずしてみずからを師としてみずから知り、証し、体現し得るほどのものである」と。そこでわたくしは久しからずして、速かにその教え（法）に達することができた。このようにしてわたくしは、ただ唇を打つ程度、ただおしゃべりする程度には知識のことばを語り、長老のことばを語ることができ、「われは知る」「われは見る」と自他ともに認めるほどになった。そのときわたくしは次のように思った、——「実にアーラーラ・カーラーマはこの教えをただ信ずるだけで《われみずから知り、証し、体現しているのである》と告げているのではない。実にかれはこのことわりを知り見ているのである」と。

そこでわたくしはアーラーラ・カーラーマのいるところへ往った。そこへ往ってアーラーラ・カーラーマにこのようにたずねた、——「きみカーラーマよ。あなたはどの程度にまで、このことわりをみずから知り、証し、体現して、われらに告げておられるのですか？」と。

こう言われたときにアーラーラ・カーラーマは無所有処《むしょうしょ》（ākiñcaññā-yatana）を宣説した。

そのときわたくしはこのように思った、——「アーラーラ・カーラーマにのみ信仰があるのではない。わたくしにもまた信仰がある。アーラーラ・カーラーマにのみ努力（精進）があるのではない。わたくしにもまた努力がある。アーラーラ・カーラーマにのみ思念があるのではない。わたくしにもまた思念がある。アーラーラ・カーラーマにのみ精神統一（samādhi）があるのではない。わたくしにもまた精神統一がある。アーラーラ・カーラーマにのみ智慧があるのではない。わたくしにもまた智慧がある。さあわたくしは、アーラーラ・カーラーマが《みずから知り、証し、体現している》と称しているそのことわりを証することにつとめよう」と。そこでわたくしは久しからずして、速かにそのことわりをみずから知り、証し、体現することとなった。

そこでわたくしはアーラーラ・カーラーマのいるところへ往った。そこへ往って、アーラーラ・カーラーマに言った、——「きみアーラーラ・カーラーマよ。あなたはこのことわりをこの程度にまで、みずから知り、証し、体現して告げられるのですか？」と。

〔カーラーマは答えた、〕――「きみよ。わたくしはこの程度にまで、このことわりをみずから知り、証し、体現して告げているのです」と。

〔わたくしは言った、〕――「きみよ。実はわたくしもまたこの程度にまで、このことわりをみずから知り、証し、体現しているのです」と。

〔カーラーマは言った、〕――「きみよ、このようなかたを、修行を共にする人（subrahmacārin）とみなすことのできるわれわれは、幸せであり、まことに幸福です。このように、わたくしがみずから知り、証し、体現して告げるそのことわりを、あなたもみずから知り、証し、体現しておられる。あなたがみずから知り、証し、体現しておられるそのことわりを、わたくしもみずから知り、証し、体現して告げるのです。このようにわたくしが知っていることわりを、あなたも知っておられる。あなたが知っておられることわりを、わたくしも知っている。このように、あなたはわたくしのごとくであり、わたくしはあなたのごとくである。尊い人よ。さあ来たれ。われら二人でこの衆を統率しましょう」と。

このようにアーラーラ・カーラーマは、わたくしの師でありながら、弟子であるわたくしを自分と同等に置いて、大げさな尊敬供養によってわたくしを尊敬供養した。そのときわたくしはこのように思った、——「この教えは厭離《おんり》に赴かず、離欲《りよく》に赴かず、止滅《しめつ》に赴かず、平安に赴かず、英智に赴かず、正覚に赴かず、安らぎに赴かない。ただ無所有処を獲得し得るのみ」と。そこでわたくしはこの教えを尊重せず、この教えに慊《あきた》らず、出で去った。

要するに、アーラーラ・カーラーマの智慧は、ニルヴァーナとはほど遠いことを知って、ゴータマは去ったのである。

釈尊の晩年のことをしるした経典によると、昔アーラーラ・カーラーマは禅定に練達した人であったといって、かれの弟子であったプックサという人が驚嘆している。プックサはマッラ人であったと伝えられているから、アーラーラ・カーラーマの名声はネパールの国境近くにまで及んでいたことがわかる。

ウッダカ仙人を訪ねる

修行者ウッダカ・ラーマプッタ（P. Uddaka Rāmaputta, Skt. Udraka Rāmaputra）が非《ひ》想《そう》非《ひ》非《ひ》想《そう》処《じょ》を説いたことは、後世の仏伝でも承認している。〔ラーマプッタとはラーマの子という意味である〕。しかし『方広大荘厳経』では具体的にその内容を示さずに、釈尊の問いに対してウッダカは「われはもと師なくして自然に悟れり」と答えている。パーリ語聖典では釈尊がかれを訪ねた次第について、釈尊の回顧譚として次のように述べている。

かくして、わたくしは善なるものを求め、無上の絶妙なる境地を求めて、ラーマの子・ウッダカのいるところへ往った。そこへ往って、かれにこのように語った、――「きみよ。わたくしは（あなたの）この教えと戒律とにおいて、清らかな行いを行なおうと願うのです」と。

こう言ったときにラーマの子ウッダカはわたくしにこのように言った、――「きみよ。ここにいなさい。この教えは、そこにとどまるならば、智者は久しからずしてみずからを師として、みずから知り、証し、体現し得るほどのものである」

そこで、わたくしは久しからずして、速かにその教えに達することができた。このようにしてわたくしは、ただ唇を打つ程度、ただおしゃべりする程度には知識のことばを語り、長老のことばを語ることができ、「われは知る」「われは見る」と自他ともに認めるほどになった。

そのときわたくしは次のように思いついた、――「実にラーマはこのことわりをただ信ずるだけで《われはみずから知り、証し、体現しているのである》と告げているのではない。実にラーマはこのことわりを知り見ているのである」と。

そこでわたくしはラーマの子・ウッダカのいるところへ往った。そこへ往って、かれにこのようにたずねた、――「きみラーマよ。あなたはどの程度にまでこのことわりをみずから知り、証し、体現して告げておられるのですか?」と。

こう言われたときにラーマの子・ウッダカは非想非非想処を宣説した。そのときわたくしは、このように思った、――「ラーマにのみ信仰があるのではない。わたくしにもまた信仰がある。ラーマにのみ精進があるのではない。わたくしにもまた精進がある。ラーマにのみ思念があるのではない。わたくしにもまた思念がある。ラーマにのみ精神統一があるのではない。わたくしにもまた精神統一がある。ラーマにのみ智慧があるのではない。わたくしにもまた智慧がある。さあ、わたくしは、ラーマが《みずから知り、証し、体現している》と称しているそのことわりを証するようにつとめよう」と。

そこでわたくしは久しからずして、速かにそのことわりをみずから知り、証し、体現することとなった。

そこでわたくしは、ラーマの子・ウッダカのいるところに往った。そこに往って、かれに言った、――「きみラーマよ。あなたはこのことわりをこの程度にまで、みずから知り、証し、体現して告げられるのですか?」

と。

〔かれは答えた、〕――「きみよ。わたくしはこの程度にまでこのことわりを、みずから知り、証し、体現して告げているのです」と。

〔わたくしは言った、〕――「きみよ。実はわたくしもまた、この程度にまでことわりをみずから知り、証し、体現しているのです」と。

〔かれは言った、〕――「きみよ。かくのごときかたを、修行を共にする人とみなすことのできるわれわれは幸せであり、まことに幸福です。このようにラーマが、みずから知り、証し、体現して告げたそのことわりを、あなたもみずから知り、証し、体現しておられる。あなたがみずから知り、証し、体現しておられるそのことわりを、ラーマもみずから知り、証し、体現して告げたのです。このようにラーマが知っていることわりを、あなたも知っておられる。あなたが知っておられることわりをラーマも知ったのです。このように、あなたはかつてのラーマのごとく、ラーマはあなたのごとくでありました。きみよ。さあ来たれ。あなたはこの衆を統率なさい」と。このようにラーマの子・ウッダカは、わたくしと修行を共にするものでありながら、わたくしを師の地位に置いて、大げさな尊敬供養によってわたくしを尊敬供養した。

そのときわたくしは、このように思った、――「この教えは厭離に赴かず、離欲に赴かず、止滅に赴かず、平安に赴かず、智に赴かず、正覚に赴かず、安らぎに赴かない。ただ非想非非想処を獲得し得るのみ」と。そこでわたくしは、その教えを尊重せず、その教えに慊らず、出で去った。

ウッダカ・ラーマプッタの智慧も、ニルヴァーナにはほど遠かったのである。

苦行に入る

当時、有名な聖者であったアーラーラ・カーラーマと、ウッダカ・ラーマプッタの門を叩いて失望したゴータマは、この上は、自分自身で道をきりひらくよりほかないとさとって、「苦行」に入った。

ギリシアの哲学者たちが、智慧そのものを得るために、特別な修行や訓練をしたということは、聞いたことがない。思索に集中するために、集中力を養ったことはあるだろうが、特にそのための訓練をしたという記録は目にしない。

ブッダの求めた智慧と、ギリシアの哲学者たちの求めた智慧のちがいが、その辺にあるのではないかと思う。

とにかく、ゴータマは、智慧を得るための「苦行」とよばれる修行に入ったのである。

ふつう一般に後世の仏伝・経典に説かれているところによると、釈尊は二十九歳で出家し、山林にこもって六年間苦行を修した。その結果、かれの身体はやせ衰えて、色は死灰のようになったが、最高の認識を得ることができなかった。かれはついに苦行は真実の道ではないことを知って、苦行をすててしまった。村の一少女のささげた乳粥を食し、川で身を洗いきよめ、気力を回復してから、かれはブッダガヤーの地におもむき、そこにある一本の菩提樹のもとに静坐して瞑想し、ついにさとりを開いて、ブッダすなわち覚者となった、という。

「聖求経」および「大サッチャカ経」に、くわしく「苦行」の状況がのべられている。

かくてわたくしは聖なる智を求め、無上の絶妙なる静寂の境地を求めて、マガダ国の中を遊歩しつつ、ウルヴェーラーのセーナー聚落に入った。そこに愛《め》ずべき地域、うるわしの森林、流れ行く「ネーランジャラー」河、よく設けられた美しい堤、四囲豊かな村落を見た。そのときわたくしはこう考えた、――実にこの地域は愛《め》ずべく、森林うるわしく、河は流れ行き、堤はよく設けられて美しい。実にこれはつとめはげもうと欲する良家の子が修学するのに適している。そこでわたくしはそこに坐した。まず第一に精神統一を行なった。ヨーガの修行である。

そのときわたしは、このように考えた、――「さあ、わたしは歯を歯において、舌で上齶をおして、心で心を制し、伏し、苦しめよう」と。そこでわたしは歯を歯において、舌で上齶をおして、心で心を制し、伏し、苦しめた。そのときわたしが歯を歯において、舌で上齶をおして、心で心を制し、伏し、苦しめたときに、両腋から汗が出た。譬えば力の強い人が、力の弱い人の、頭をとらえ、あるいは肩をとらえて、制し、伏し、苦しめるように、わたしが歯を歯において、舌で上齶をおして、心で心を制し、伏し、苦しめているときに、両腋から汗が出た。わが努力は開始されていて、ひるまない。わが念いは確立していて、惑乱しない。わが身体は、苦しい精励刻苦にうちのめされているときには、激動していて、軽やかでない。わたしにはこのように苦しみの感覚が生じて、心を捉えていなかった。

第二にかれは呼吸の制止につとめた。

そのときわたしはこのように思った、――「さあ、わたしは止息禅（呼吸をとめる禅定）を修することにしよう」と。そこでわたしは、口と鼻とからの呼吸をせき止めた。わたしが口と鼻とからの呼吸をせき止めたときに、耳から出て行く風に絶大の音声があった。譬えば鍛冶工の鞴《ふいご》によって吹かれる風には絶大の音声があるように、わたしが口と鼻とからの呼吸をせき止めたときに、耳から出て行く風に絶大の音声があった。わが努力は開始されていて、ひるまない。わが念いは確立していて、惑乱しない。わが身体は、苦しい精励刻苦にうちのめされているときには、激動していて、軽やかでない。わたしにはこのように苦しみの感覚が生じて、心を捉えていなかった。

神々はわたしを見て、このように言った、――「修行者ゴータマは死んだ」と。或る神々はこのように言った、――「修行者ゴータマはまだ死んでいない。しかし死ぬであろう」と。或る神々はこのように言った、――「修行者ゴータマはまだ死んでいない。また死ぬこともないであろう。修行者ゴータマは〈真人〉(arahat) である。真人の境地はこのようなものである」と。

第三にかれは断食の苦行を行なった。

そのときわたしはこのように思った、――「さあ、わたしは一切の食を絶つことを行《ぎよう》じよう」と。そのとき神々はわたしに近づいて、言った、――「きみよ、おんみは一切の食を絶つことを行ずるなかれ。もしもおんみが一切の食を絶つことを行ずるならば、われらはおんみに毛孔より天の滋味を注入して、それによっておんみが生きながらえるようにしよう」と。

そのときわたしはこう思った、――「わたしは全く絶食を言い張っているのに、これらの神々がわたしに毛穴から天の滋味を注入して、それによってわたしが生きながらえるようになったならば、わたしは偽りを言ったことになるであろう」と。そこでわたしはその神々のことばをしりぞけて、「充分です」といった。

そのときわたしはこう思った、――「では、わたしは食物を少しずつ一にぎりずつ摂《と》ることにしよう。緑豆汁でも、あるいは鳥豌豆汁でも、あるいは、小豌豆汁でも、あるいは豌豆汁でも」と。そこでわたしは、緑豆汁でも、あるいは鳥豌豆汁でも、あるいは、小豌豆汁でも、あるいは豌豆汁でも、食物を少しずつ一にぎりずつ摂ることにした。

さてわたしは、緑豆汁であろうとも、あるいは鳥豌豆汁であろうとも、あるいは、小豌豆汁であろうとも、あるいは豌豆汁であろうとも、食物を少しずつ一にぎりずつ摂っていたときに、身体は極めて痩せ衰えた。

こういう苦行が、六年ないし七年間つづいたといわれる。
その結果、かれはどのような智慧を得たろうか？
なにも得なかったと多くの仏伝はつたえている。
「ジャータカ序」では、つぎのようにのべている。

〈偉大な人〉は六年間、難行を行なわれたが、それはまるで空中に結び目を作ろうとするような（徒労の）歳月であった。かれは、「この難行はさとりにいたる道ではない」と考え、通常の食物をとるために、村や町で托鉢して食物を得られた。

苦行を捨てて托鉢に出かけたということで、五人の友は、もはやゴータマ・ブッダは堕落したと思って、かれを見捨ててしまった。

五人の修行僧の仲間は、

「この人は六年間、難行を行なったけれども、すべてを知る者の智慧を得ることができなかった。いまは、村などで托鉢して通常の食物をとっているけれど、なにができるだろうか。かれはぜいたくになり、精励につとめることを放棄してしまったのだ。われらが、かれに特別なことを求めるのは、ちょうど頭を洗いたいと思う者が露の滴を求めるようなものだ。かれはわれらにとってなんの益があろう」といって、〈偉大な人間〉を見捨て、各自の鉢と衣をもって、十八ヨージャナの道を進んで、イシパタナ（＝鹿野苑）に入った。

やや遅いある経典によると、晩年のゴータマ・ブッダが弟子サーリプッタに向かって過去の回想を述べるかたちで、自分が若いときにものすごい苦行を行なったことを述べている。そこには当時のありとあらゆる苦行が述べたてられているが、けっきょくそれらは意味のないものであったという。

その行動、その実践、その難行によっても、わたくしは人間の性質を超えた特別完全な聖なる智見に到達しなかった。それはなぜであるか？ この聖なる智慧がいまだ達せられていなかったからである。この聖なる智慧が達せられたならば、それは出離に導くものであり、それを行なう人を正しく苦しみの消滅に導いてゆく。

ゴータマ・ブッダが苦行を捨てたことは、「大サッチャカ経」ではさらに具体的に述べられている。かれが、アーラーラ・カーラーマとラーマの子・ウッダカに教えを問うたが、満足し得なかったので、みずから厳しい苦行を修したことを説いたあとで、いう。

そのときわたくしはこう考えた、——「このように極度に痩せた身体では、かの安楽は得がたい。さあ、わたくしは実質的な食物である乳糜《にゅうび》を摂《と》ろう」と。そこでわれわれは実質的な食物である乳糜をとった。そのときわたくしには五人の修行者が近づいて、「修行者ゴータマがもしも法を得るならば、それをわれらに語るであろう」といっていた。ところでわたくしは実質的な食物である乳糜をとったから、その五人の修行者はわたくしを嫌って、「修行者ゴータマは貪るたちで、つとめはげむのを捨てて、贅沢になった」といって、去って行った。そこでわたくしは実質的な食物を摂って、力を得て、もろもろの欲望を離れて、善くないことがらを離れ、粗なる思慮あり、微細な思慮あり、遠離から生じた喜楽である初禅を成就していた。

そしてつぎに、四禅を一々成就したことをのべている。

ブッダの「さとり」の内容

ブッダは、ついに苦行の無駄であることを知り、苦行を捨て、乳粥を摂り、気力・体力を回復しつつ、アシュバッタ樹（菩提樹）の下で瞑想に入り、ここで、究極の「さとり」をひらいたという。

では、そのさとりとはどんなものであったか。ブッダの智慧は、どんなさとりをひらいたのか？

「四つの真理」と「十二の因縁」に関する智慧であるという。

十二因縁とは、人間の苦しみ、悩みがいかにして成立するかということを考察し、その原因を追求して、十二の項目の系列を立てたものである。つまり、縁起の理法を十二の項目に分類したものである。

無明（無知）
行（潜在的形成力、生活作用）
識（識別作用）
名色（名称と形態、または精神と物質、心身）
六処（心作用の成立する六つの場、すなわち眼・耳・鼻・舌・身・意）
触（感覚器官と対象との接触）
受（感受作用）
愛（盲目的衝動、妄執、渇きの欲望にたとえられるもの）
取（執着）
有（生存）

生　（生まれること）

老死　（無常なすがた）

順次に、前のものが後のものを成立させる条件となっている。また、逆に、順次、前のものが滅すると、後のものも滅する。

律蔵等の記述によると、

そのとき世尊は、ネーランジャラー河の岸辺に、菩提樹のもとにおられた。

はじめて、さとりをひらいておられたのである。

世尊は、七日のあいだずっと足を組んだままで、解脱のたのしみを享けつつ、座しておられた。その七日が過ぎてのち、その瞑想から出て、その夜のはじめの部分において、縁起の理法を、「順の順序」にしたがって、よく考えられた。
これがあるときにこれがある。これが生起するからこれが生起する、というように。

すなわち、無明によって生活作用があり、生活作用によって識別作用があり、識別作用によって名称と形態とがあり、名称と形態とによって六つの感受機能があり、六つの感受機能によって対象との接触があり、対象との接触によって感受作用があり、感受作用によって妄執があり、妄執によって執着があり、執着によって生存があり、生存によって出生があり、出生によって老いと死・憂い・悲しみ・苦しみ・愁い・悩みが生ずる。このようにしてこの苦しみのわだかまりがすべて生起する。

それから、また、「逆の順序」にしたがって、よく考えられた。

——貪欲をなくすことによって無明を残りなく止滅すれば、生活作用が止滅する。

生活作用が止滅するならば、識別作用が止滅する。識別作用が止滅するならば、名称と形態とが止滅する。名称と形態とが止滅するならば、六つの感受機能が止滅する。六つの感受機能が止滅するならば、対象との接触も止滅する。対象との接触が止滅するならば、感受作用も止滅する。感受作用が止滅するならば、妄執も止滅する。妄執が止滅するならば、執着も止滅する。執着が止滅するならば、生存も止滅する。生存が止滅するならば、出生も止滅する。出生が止滅するならば、老いと死・憂い・悲しみ・苦しみ・愁い・悩みも止滅する。このようにしてこの苦しみのわだかまりがすべて止滅する。

と。

そこで、世尊は、この真理の意義をさとって、そのとき、つぎのような〈詠嘆の詩〉を唱えられた。

努力しているバラモンに
もろもろの理法が現われるならば、
かれの疑惑はすべて消滅する。
原因（と結果との関係をはっきりさせた縁起の理法）をはっきりと知っているのであるから。

縁起の理法

菩提樹のもとで、ブッダのさとった理法は、「縁起の法」であり、その内容は、いまのべた十二因縁と、「四つの聖なる真理」であるといわれる。

縁起（paṭicca-samuppāda）というのは、〝縁《よ》りて〟（paṭicca）という語と〝起こること〟（samuppāda）という語が結合されてできたことばである。なんらかの条件（縁）があって生起すること、というほどの意味である。それを、中国の経典翻訳者たちは、〝縁りて〟の縁と、〝起こること〟の起とをとって、しごく直截《ちよくさい》に「縁起」としたわけだ。

縁起——縁によって起こる、すなわち、すべてのものは縁によって生起し、縁によって消滅する。実在して変化しないというものはなに一つなく、すべて縁によってあらわれたものにすぎず、縁によって変化し、縁によって消えていく、これが仏陀の縁起論で、ここから五蘊無我・無自性・空、という一連の考えがみちびき出されていくわけである。

四つの聖なる真理は、この、事物の生滅の原理を、簡明直截にいいあらわしたものである。それは、四つの図式にまとめられた。

これあるによりてこれあり
これ生ずればこれ生ず
これなきによりてこれなく
これ滅すればこれ滅す

この四つの図式を、人間の「苦」にあてはめて説かれたのが、「四諦の法門」である。

この四諦がどう説かれたかというと、アーガマの一つの経によれば（相応部経典五六、三一、「申恕」、漢訳の同本雑阿含経一五、四五、「申恕林」）つぎのようなものである。

一、こは苦なり
（Idaṃ dukkhaṃ）

二、こは苦の生起なり
（Ayaṃ dukkhasamudayo）

三、こは苦の滅尽なり
（Ayaṃ dukkhanirodho）

四、こは苦の滅尽にいたる道なり

（Ayaṃ dukkhanirodhagāminī paṭipadā）

これが時により、別の経ではつぎのように説かれたと記されている。

比丘たちよ、苦の聖諦とはこれである。

比丘たちよ、苦の生起の聖諦とはこれである。

比丘たちよ、苦の滅尽の聖諦とはこれである。

比丘たちよ、苦の滅尽にいたる道の聖諦とはこれである。

これを、中国における翻訳者たちが、端的に、

苦諦
集諦
滅諦
道諦

とし、

さらに簡潔に、

苦
集
滅
道

と、してしまったのである。
すなわち、これが四諦の法門である。
十二因縁とならんで、有名な、ブッダの菩提樹下のさとりといわれるものである。
すると、ブッダの究極の智慧、ニルヴァーナというのが、これであろうか？

ブッダの智慧の行は、二期に分けられる

ここで少し、私見を述べさせていただきたい。
ほとんどの仏伝、経典では、ブッダの六年の苦行は無駄だったと伝えてい

る。

ブッダ自身が、そう語ったと伝えている。

はたして、そうだったのだろうか？

わたくしは違うと思うのである。

考えてみるがよい。ブッダほどの大天才が、六年間、決死の苦行をして思索にうちこんだのである。

それが、なんの成果も得ずして、無駄に終わったとは考えられないことではないか。

当時、最高レベルに達していた（高いレベルに達していなかったら、ブッダが教えを乞いに訪ねることはしなかったであろう）アーラーラ・カーラーマと、ウッダカ・ラーマプッタという両聖者を訪ねて、その得ていたところの「無所有処定」「非想非非想定」というさとりを、短時日のうちにさとってしまって、両聖者から、ともに弟子たちを訓育しようといわれた頭脳である。ブッダのことばをそのまま受け取るのは、失礼というものであろう。

わたくしは、ブッダの智慧の行は、二期に分けられると思うのである。

第一期は、六年間の苦行の時期である。

第二期は、苦行から去って、乳粥を摂り、菩提樹の下の、安楽行の時期である。

そうして、十二因縁、四諦の真理は、第一期の苦行の時期に、すでにさとっていたと考えるのである。

十二因縁、四諦の真理は、ブッダの求めていた究極の智慧、ニルヴァーナではないのである。そこに至る智慧ではあるが、ニルヴァーナの智慧には遠く及ばない。この程度のものだったら、ブッダの智慧では、苦行に入って一、二年、あるいはもっとかかったとして、二、三年のうちに、到達していたと思うのである。

ちなみにいうならば、ソクラテス、プラトン、アリストテレスの頭脳でも、かれらがこの方面に思索を向けた場合、二、三年で到達していたと思われるのだ。

ブッダが、なぜ六年間も苦行をつづけたのかというと、四聖諦、十二因縁の理法に到達しても、まだニルヴァーナの智慧に及ばないことがわかっているので、その上の智慧を求めて、行をつづけていたのである。

しかし、苦行が六年に達するに及び、この形式の行では、これ以上の智慧を得ることは不可能であることをさとったのである。と同時に、なにか内にひらめくものを感じたと思われる。あらたなる高度の智慧へと飛躍するときめきと昂ぶりを感じたのであろう。六年の苦行の座から、決然として去ったのである。

そして、菩提樹下の瞑想でニルヴァーナの智慧を得たのである。その智慧とは、どんなものであったのか。

プラトンとニルヴァーナ

さきに述べた通り、ブッダはそれについていっさい語らない。

汝はまず涅槃を体験すべきである。そうすれば、それの何たるかはわかる。涅槃がどういうものであるかを知ることなどはどうでもよい。涅槃を得れば、生と再生とから自由を得るであろう。それが解脱である。

というばかりである。
われわれは、ただ推測するばかりである。
そこで、わたくしは思うのだ。
わたくしは、さきに、〝死の練習〟という節で、つぎのように述べた。

プラトンの有名なことばに、哲学は「死の練習」(meditatio mortis)であるというのがある。
すなわち、そのいうところによれば、哲学が根本においてもとめている智なるものは、われわれがこの現世の生活条件によって束縛されているかぎり、これに到達することはできない。われわれが一切の束縛から解放され、われわれの魂が純粋に魂自身になることによって、その根本の智、あるいは真実の智に到達することができるというのである。

このことは、すでにこれまでに紹介してきているが、ゴータマ・ブッダとの対比において、たいへん重要な要素《エレメント》をふくんでいると思われるので、当津武彦教授の文章によって、解説してみたいと思う。

といって、当津武彦教授の文章を引用している。

わたくしは、その引用のなかの、プラトンの意見、それは当津武彦教授の意見でもあるのだが、そのなかに、ニルヴァーナが表現されているように思われるのである。

すなわち、

——（われわれの）魂にとって束縛となるものはすべて肉体にかかわりあいをもつ。したがって、魂が一切の束縛から解き放たれてそれ自体にな

ると は、肉体からの解放にほかならないであろう。肉体からの解放とはつまり死である。したがって、われわれの魂はこの死においてのみはじめて純粋に自分だけとなり、そのような純粋さにおいて、真の智というものをみることができるようになるというわけである。そして魂はそこにおいて本来の生、つまり永生に入るのだとも説かれている。われわれがここにみるものは、生の謳歌とならんでおかれるような漠然とした死への讃美なのではない。哲学の希求するものが、その究極において死のかたちをとらねばならないと説かれているわけなのである。しかしこのように死が哲学の究極にあるのだとすれば、哲学がこの実人生においていかなる効用をもつかという設問そのものも、まったく意味をなさなくなってしまうであろう。――（略）

つまり、純粋の智を得るためには肉体を滅さなければならぬというのが、プラトンの思索のたどりついた究極なのである。プラトンの哲学では、「死」を以てしか得られない「肉体からの解放」「純粋に自分だけとなり、そのような純粋さにおいて、真の智というものをみることができるようになる」という境地——、それこそがじつは、ニルヴァーナだったのである。

いみじくも、プラトン（そしてソクラテス）は、ニルヴァーナにあこがれ、ニルヴァーナを望んだのである。

ただ、惜しくもプラトンは、それは死ななくては得られないとし、ブッダは、苦行ののち、生きたままそれを得たのである。

しかし、「肉体を捨てて純粋に自分だけになる」、プラトン流にいうと「純粋の魂だけになる」ためには、ブッダも死ぬような苦行を六年間もつづけなければならなかったのであろう。すると、六年間の苦行はぜったいに必要であり、決して無駄どころではなかったのである。

ブッダのように、生きたまま涅槃《ニルヴァーナ》に入ることを「有余依涅槃《うよえねはん》」というのである。

ニルヴァーナに到達するための智慧の修行

すると、われわれは、ギリシア哲学者のことばによるしか、ブッダのニルヴァーナを推測することができないのであろうか？

そんなことはないのである。

ブッダの説かれた阿含の経典群をよく読んでみると、その中に、ニルヴァーナを表現したと思われる経典、仏典を見出すことができるのである。

いや、それどころか、ニルヴァーナの智慧を獲得する修行法までも、発見できるのである。

その修行法とは、「七科三十七道品」あるいは「三十七菩提分法」と名づけられた修行法である。これは、七科目・三十七種類にわたる教科目で、わたくしは、これを「神聖なる智慧を獲得するための七種のシステムと、三十七種類のカリキュラム」と呼んでいる。

世の人びとは、大乗仏教だけしか知らないから、仏教にこういう経典のあることを、ほとんど知らない。まことに惜しいことで、わたくしは、凡人を天才にする修行法だと思っている。

パーリ文「中阿含」第百三の Kinti sutta につぎのようにのべられている。

ここに比丘らよ、われによりて法は悟られ、汝らに説かれたり。すなわち四念住・四正断・四神足・五根・五力・七覚支・八正道これなり。それゆえにすべての比丘らは相和し相欣び、争うことなくして、これを学ばざるべからず。

すなわち、ブッダによってさとられた智慧の獲得の修行法、実践法が、ここに明らかにのべられているわけである。それゆえに、すべての修行者は、仲よく、よろこんで、争うことなく学ばなければいけないと証明されている。これ以上、明確な指針はないではないか。

阿含経に説かれたこの七科目の修行法は、アビダルマ論師によって「七科三十七道品」あるいは「三十七菩提分法」と名づけられた。さとりに至る三十七の修行法という意味である。

つぎに、ざっと解説してみよう。

四念住法

旧訳では四念処という。四念処観ともいう。さとりを得るための四種の内観・瞑想法である。身念住・受念住・心念住・法念住の四つである。

(1)この身は不浄なり。(2)受は苦なり。

(3)心は無常なり。(4)法は無我なり。

と観念し瞑想するのである。すなわち、この身体は不浄である。(すべての)感受は苦である。心は無常である。すべての事物は無我である、と観念し瞑想する。はじめはこの四項をそれぞれ別に観念し、つぎにはそれらの四つを一つにして、身体・感受・心・そしてすべての事物(法)は不浄である、また苦である、無常である、無我であるというように観念して瞑想していくのである。(わたくしは、この四念住はさきに述べた〝四聖諦〟を行法化したものであろうと思っている。すくなくともふかいかかわりはあるであ

ろう）

四正断法

旧訳では四正勤という。断断・律儀断・随護断・修断の四つの修行。

断　断＝いま現に起こっている悪を断じてなくするようにはげむ修行。幾度も断ずることをくりかえす。

修　断＝まだ起こっていない悪に対して、今後起きないように努力する修行。

随護断＝いますでに存在している善はこれをますます増大させるようにと努力する修行。

律儀断＝まだ存在しない善に対して、これを得るように努力する修行。

四神足法

四如意足とも訳す。

四つの自在力を得るための根拠となるもの。超自然的な神通力を得るための四種の修行法。

欲神足＝人間の生命力の、特に肉体上における根源的諸条件を、完全なものにする修行法。

勤神足＝欲神足で得た能力をベースに、肉体上の基本的諸条件を、さらに飛躍的に向上させる修行法。

心神足＝肉体的能力の向上発達を基に、精神的能力を充実させ、さらに段階的にその能力を飛躍向上させて行く。

すなわち、脳の欠陥部分を補強するための準備段階として、古い脳（古皮質）を人為的に進化させる修行法である。

観神足＝あたらしい脳である新皮質を向上させるとともに、霊性の場である間脳を開く。それによって知性と霊性を完全に融合させる。

神とは神通のこと。妙用のはかりがたいことを、〝神〟という。〝足〟とはよりどころのこと。神通を起こす因であるから、神足と名づけるのである。

五根法

信根・精進根・念根・定根・慧根の五つ。根とは自由にはたらく能力をいう。仏法僧の三宝にたいする信と、精進・念・禅定（瞑想）・智慧が、ニルヴァーナにむかって高い能力を発揮する修行。

五力法

信力・精進力・念力・定力・慧力（または智力）。ニルヴァーナに至る高度な五つの力を得る修行。五根とおなじ徳目であるが、五根が能力的なはたらきであるのにたいし、五力はそれがいっそう進んでさらに大きな力を発揮することができるのであり、両者は程度の差と見ることができる。

七覚支法

択法《ちゃくほう》覚支・精進覚支・喜覚支・軽安《きょうあん》覚支・捨覚支・定覚支・念覚支の七つをいう。ニルヴァーナへみちびく七つの修行。

択法《ちゃくほう》覚支＝教法の中から真実のものをえらび、いつわりのものを捨てる智慧の修行。

精進覚支＝一心に努力して退転しない修行。

喜覚支＝真実の教えを学び、実行する喜びに住する修行。

軽安《きょうあん》覚支＝身心を軽快明朗にして惛冥《こんめい》したり渋滞したりしない修行。

捨覚支＝取捨憎愛の念をはなれて、なにごとにも心がかたよったり、心の平静が乱されない修行。対象へのとらわれを捨てる修行である。

定覚支＝瞑想中も平常の行動中も集中した心を乱さない修行。

念覚支＝おもいを平らかにする修行。

八正道法（八聖道とも書く）

理想の境地に達するための八つの道。

正見＝正しく四諦の道理を瞑想する。

正思惟＝正しく四諦の道理を思惟する。

正語＝正しいことばを口にする。

正業＝正しい生活をする。

正　命＝身・口・意の三業を清浄にして、正しい理法にしたがって生活する。

正精進＝道に努め励む。

正　念＝正道を憶念し、邪念のないこと。

正　定＝迷いのない清浄なるさとりの境地に入る。

要するに、正しい見解、正しい思い、正しいことば、正しい行為、正しい生活、正しい努力、正しい気づかい、正しい精神統一のことである。

以上が、「七科三十七道品」である。

四念住法・五根法、これは、瞑想である。

四正断法・五力法・七覚支法・八正道法は、実践と瞑想である。

四神足法は、特殊な tapas（練行）である。神足とは、神通力（超人的能力）のことで、この四神足法は、超自然的な神通力を得るための四種の修行法である。

これが七科三十七道品の説明であるが、これを読んだあなたは、なにか気がついたことがおありではなかろうか。

というのは、七科目の修行法の中に、少々、異質と思われる修行法が一つあるのである。

そう、四神足法である。

〝神通力〟とは、およそ、法を論理的に説くブッダにしては、まったく似つかわしくない表現ではないか。

むしろ、異様にさえ感ずるほどである。

そう思って見ていくと、四神足法について説かれた経典があるのである。この経典には、さらに破天荒ともいうべきことが説かれているのだ。

ニルヴァーナの心象風景

パーリ文「雑阿含経」第五一巻一一を、中村元先生の訳によって載せてみる。

このように四神足を修練し、豊かならしめたならば、多様なる神変を身に受ける。一身にして多身となり、多身にして一身となり、あるいは現われ、あるいは隠れ、絶壁や山岳をよぎって、礙げなく、行くこと空中におけるがごとく、地中に出没すること水中におけるがごとく、水中を行きて壊れざること地上におけるがごとく、虚空においても結跏趺坐してそぞろ歩きすることは飛鳥のごとく、このように大神通・大威徳あるこの日月を手でとらえて揉んでしまい、梵天の世界にいたるまでも身をもって支配する。

このように四神足を修練し豊かならしめたならば、清浄にして超人的な天の耳の本性をもって、遠近にある天的なまた人間的な声をともに聞く。

このように四神足を修練し豊かならしめたならば、他の生存者、他の人々の心をば心によって了解して知る。貪りある心を貪りある心であると知り、貪りを離れた心を貪りを離れた心であると知り、また怒りある心を怒りある心であると知り、怒りを離れた心を怒りを離れた心であると知り、迷妄ある心を迷妄ある心であると知り、迷妄を離れた心を迷妄を離れた心であると知り、収縮した心を収縮した心であると知り、散乱した心を散乱した心であると知り、偉大な心を偉大な心であると知り、偉大ならざる心を偉大ならざる心であると知り、上ある心を上ある心であると知り、無上の心を無上の心であると知り、定《じょう》にあらざる心を定《じょう》にあらざる心であると知り、定のうちにある心を定のうちにある心であると知り、解脱していない心を解脱していない心であると知り、解脱している心を解脱している心であると知る。

このように四神足が修練され豊かにされたときに、種々なる過去の生涯を想いおこした、――すなわち一つの生涯、二つの生涯、三つの生涯、四つの生涯、五つの生涯、十の生涯、二十の生涯、三十の生涯、四十の生涯、五十の生涯、百の生涯、千の生涯、百千の生涯を、また幾多の宇宙成立期、幾多の宇宙破壊期、幾多の宇宙成立破壊期を。「われはそこにおいて、これこれの名であり、これこれの姓（gotta）であり、これこれのカースト（vaṇṇa）であり、これこれの食をとり、これこれの苦楽を感受し、これこれの死にかたをした。そこで死んでから、かしこに生まれた」

と。このようにかたちや名称とともに種々なる過去の生涯を想いおこしたのである。

このように四神足が修練され豊かにされたときに、清浄で超人的な天眼《てんげん》をもって、諸々の生存者が死にまた生まれるのを見た。すなわち卑賤なるものと高貴なるもの、美しいものと醜いもの、幸福なものと不幸なもの、そして諸々の生存者がそれぞれの業にしたがっているのを明らかに知った、――「実にこれらの生存者は身に悪行をなし、ことばに悪行をなし、こころに悪行をなし、諸々の聖者をそしり、邪《あやま》った見解をいだき、邪った見解にもとづく行為をなす。かれらは身体が破壊して死んだあとで、悪しきところ、堕ちたところ、地獄に生まれた。また他のこれらの生存者は、身に善行をなし、ことばに善行をなし、こころに善行をなし、諸々の聖者をそしらず、正しい見解をいだき、正しい見解にもとづく行為をなす。かれらは身体が破壊して死んだあと、善いところ、天の世界に生まれた」と。

このように清浄で超人的な天眼をもって、諸々の生存者が死にまた生まれるのを見た。すなわち卑賤なるものと高貴なるもの、美しいものと醜いもの、幸福なものと不幸なもの、そして諸々の生存者がそれぞれの業にしたがっているのを（明らかに）知った。

そうして最後に次のように結んでいる。

このように四神足が修練され豊かにされたときに、諸々の煩悩の汚れがほろぼされることによって、汚れなき心の解脱・智慧の解脱をこの世において、みずから証知し、現証し、具現して住する。

結局、四神足の修行によって、ブッダは解脱を得たというのである。つまり、四神足の修練によって、ニルヴァーナに到達したというのだ。

文中、どれをとっても、つねに冷静で論理的に教えを説いているブッダにしては、似つかわしくない異常な表現といわねばならない。

「――虚空においても結跏趺坐してそぞろ歩きすることは飛鳥のごとく、このように大神通・大威徳あるこの日月を手でとらえて揉んでしまい――」

とは、なんということであろうか。

しかし――、

わたくしは思うのである。これは全文、ブッダのニルヴァーナにおける心象風景なのだ、と。

これこそ、ブッダの語るニルヴァーナの状況なのである。

この異常と思われる表現を通じてでなければ、ニルヴァーナは語れないのである。

だからこそ、ブッダは言ったのであろう。

「汝はまず涅槃を体験すべきである。そうすればその何たるかはわかる」

涅槃がどういうものであるかを知ることなどはどうでもよいのだ、と。どうせ話しても分りっこないのだから——。

智慧の時代にふさわしいシステムをつくる

先日、電通フォーラム１９９９に御招待をいただいて、拝聴に出かけた。

講師は、マサチューセッツ工科大学教授、ポール・クルーグマン氏、慶應義塾大学教授、竹中平蔵氏、Dr グレン・フクシマ氏という錚錚たる顔ぶれであった。

テーマは、『「知」のブレイクスルーを求めて』というものであった。そして、パネルディスカッションは、『グローバルな「知力の競争」に生き残るための戦略』とあった。

講師の顔ぶれに魅力を感じ、さらに一層、テーマに魅力を感じて、出席したのである。

お三方の講演内容はいずれも素晴らしく、大多忙の中を出席して、来てよかったと思った。(わたくしはこのためにスケジュールを一日早め、京都から帰京、東京駅から直接、会場に入ったのである)

ことに、竹中平蔵教授の、つぎのことばに、わたくしは大きな感銘をうけた。

——21世紀に向けて今までとは違う種類のマーケットがこの世の中に生まれてきた。まさにこれは通信情報革命に代表されるような市場、まさに智慧の時代になってきているということでしょう。この智慧の時代に合わせた我々の社会システムの改革が必要だ。あえてこれを今日はソフトパワー改革というふうに呼ばせていただきますが、要するに、繰り返しになりますが、緊急避難としての経済対策と、構造改革といえるような世界のマーケットが変わったことにみずからを合わせる競争的な市場をつくるような政策、これが第二。第三番目としては、智慧の時代にふさわしいような社会のシステムをつくる。この三点を我々は目指していかなければいけないということになるのではないかと思います。

じつをいうと、当時、わたくしはこの本を書きはじめていたのである。題名も「智慧の時代」と入れることを決めていた。だから、竹中教授の口から、突然、「智慧の時代」という言葉が出てきたとき、自分の心の中を言いあてられたような、また、我が意を得たり、というような気もして、多少の昂ぶりを感じたのであった。

「智慧の時代にふさわしい社会のシステムをつくる」

まさにその通りである。そうしなければ、国も、企業も、個人も、没落し、落伍するのみである。

だが——、

どうしたらそれができるのか?

「智慧の時代にふさわしい社会システムをつくる」

その通りだが、どうすれば、それができるのか？

そのためには、まず、それをつくり得る「智慧ある人」をつくり出さなければならないのではないか？

「（智慧の）社会システム」をつくる前に、智慧ある人をつくり出すシステムがなければならないのではないか？

そういうシステムが、現代社会に存在しているのかどうか。

教育施設は山ほどある。だが、教育と智慧は別ものである。教育ある愚者を、われわれは、倦きるほど見ている。智慧は、ソクラテスのいう通り、品物のように持っているものから持っていないものに手渡すようなわけにはいかないのだ。智慧はみずから生み出すものなのだから――。

頭を直接トレーニングして智慧を磨く

これについて、ギャラップ世論調査研究所のジョージ・ギャラップ氏が、こういっている。

彼は、アメリカにおける教育が、人間の知能の開発にほとんど役に立っていない、と断定した上で、

どのような学校教育方式をとってみても、多くの学生に知識の主要な分野をマスターさせ、重要な伝達能力をあたえることに、目立って成功していない。これらは重大な欠陥である。しかし、もっと大きな欠点は、学生

の知的能力を大きく伸ばすことに成功していないことである。創造的な才能をもっと十分に発達させ、自分や社会の問題に対する新しく、よりよい解決を得るには、どうすればよいのかを示してやるといったような努力は、驚くほどなされていないのである。

それに、もっと根本的に大切なことがある。……学生にとって人間の歴史上の偉大な思想や偉大な作品や偉大な事件について知ることは大切なことである。しかし、それだけが目的ではないし、ましてや主要な目的ではない。もっとも大切なことは、頭脳それ自体のトレーニングが根本的に重要なのである。頭脳の機能を訓練しようという考えはオルダス・ハックスリー（英国の作家）もつよい支持をあたえている。彼は、〝学習や生活に役立つように〟頭を直接トレーニングすることを考えるべき時がきたといっている。

そして、頭を直接トレーニングする方法の一つとして、〝集中〟をとり上げ、こういっている。

〝集中〟についていうと、知的能力は大《おお》まかにいって、それが使われる時の集中度に比例して効果的であると前にのべた。人間は自分の知的能力のほんの一部分だけを使っているにすぎないという事実からみて、実際の場面でもっと重視しなければならない。それは、集中力である。

集中する能力は訓練することができる。宗教上の目的を追求する間に、インドの多くの宗派は、しんぼう強い持続的な鍛練を通じて、集中力を極度に発達させる方法を何世紀も前から知っていたのである。彼らのトレーニングについてはなんらの秘密もない。このテーマについてかぞえきれないほどの本が書かれている。

こういった方法に対してあまりに注意をはらわれていない理由は、目的と手段とが非常に混乱していて、熱心に行われる鍛練を通じての集中力のトレーニングが、宗教的な儀式という色どりを持っているからである。精神のコントロールというものが、宗派と結びついているため、しばしば、今日と明日の世界で実際に必要なものというよりも、むしろ神秘的な儀式に結びついた超自然的な技術とみなされているのである。

まことにその通りである。

ジョージ・ギャラップが、アメリカの教育システムについて語ったことは、そっくりそのまま、世界の各国における教育のあり方に通ずるものではないだろうか。

現代の教育システムは、知能そのものを直接高めるという技術・方法を知らないのである。すべて、間接的なものである。

つまり、ものを教えこみ、おぼえさせるということが、知能を高めるという方法である。

これは、ものをおぼえると同時に、知的能力が高まるという一石二鳥式の理想的なものに思われるが、ひとつ重大な欠陥がある。それは、ものをおぼえる能力の低いものには、通用し難いということである。ここに大きな矛盾があるのだ。

ものをおぼえさせることによって知能を高めるという方法は、ものをおぼえにくい者にとっては無力である。それがその人にとって限界なのだから仕様がないという考えは、問題にならない。だからといって、わたくしは、現代の教育方法を否定しているのではないのである。ものをおぼえつつ知能を高めてゆくという現代の教育方法は有用だ。それはそれでその機能をはたさねばならない。しかし、もっと根本的に、知能の源泉、知能発生の場そのものに直接はたらきかけて、その能力を高めるという技術方法がなくてはならぬのではないかと、わたくしはいうのである。そうして高めた知能を以て高い知識を身につけ、それをさらにまた知能開発技術でより高める。このくり返しである。

これが、いま述べたオルダス・ハックスリーのいう〝学習や生活に役立つように頭を直接トレーニングする〟ことなのである。

つまり、頭をよくするために勉強するのではなく、頭をよくしてから、あるいは、頭をよくしつつ、勉強する技術である。

そういう技術があったら、どんなによいことだろうか。

わたくしは、その技術こそ、さきにのべた阿含経のなかの、七科三十七道品の修行法であると思っている。

いみじくも、さきに挙げたジョージ・ギャラップが述べているように、

こういった方法に対してあまりに注意がはらわれていない理由は、目的と手段とが非常に混乱していて、熱心に行なわれる鍛練を通じての集中力のトレーニングが、宗教的な儀式という色どりを持っているからである。精神のコントロールというものが、宗教や宗派と結びついているため、しばしば、今日と明日の世界で実際に必要なものというよりも、むしろ神秘的な儀式に結びついた超自然的な技術とみなされているのである。

その通りである。

阿含宗は、ブッダの教法を奉ずる宗教団体であるから、もちろん、仏教の様式を重んじている。ジョージ・ギャラップのいうように、「宗教的儀式という

色どりを持って」いる。だが、修行の主体は、どこまでもブッダの教える「七科三十七道品」である。「頭を直接トレーニング」して智慧を磨き、人格の陶《とう》冶《や》を目指す修行である。

錬成道場

では、阿含宗ではどんな知的修行をしているのか、ざっと御紹介しておこう。

阿含宗は、本格的な錬成道場を持っている。京都東山の本山境内地の敷地面積二七、四一五㎡（八、三〇〇坪）、地上三階建て、延べ床面積三、三〇〇㎡（一、〇〇〇坪）の建物である。

附属の施設として、龍神の滝、龍神の護摩堂がある。これは、修行者にたいし、必要に応じ、滝行《たきぎょう》を受けさせ、護摩法を修させるためである。

ニルヴァーナに至る五つの階梯

阿含宗の修行の目的は、ニルヴァーナへの到達である。

ゴータマ・ブッダの究極の教えが、ニルヴァーナにあることは、わたくしたちのよく知るところである。だから、わたくしたちは、仏教徒として、ブッダの忠実な弟子として、ニルヴァーナに到達するための修行をするのである。

そのための修行法として、ゴータマ・ブッダは、「阿含経《アーガマ》」に、七科三十七道品の「成仏法」をのこされている。

これを修行すると、高度の智慧が発生する。要するに、段階的に、賢くなってゆくのである。だから、結果的には「頭が良くなる修行」ということになる。賢人をつくり出すシステムといってもよいだろう。だが、目的はどこまでもニルヴァーナだ。

五つの階梯がある。

五つの階梯とは、

一、基礎訓練

二、srotāpanna ―――――――― シュダオン

三、sakṛdāgāmin ――――――― シダゴン

四、anāgāmin ―――――――― アナゴン

五、arhat ―――――――――― アラカン

である。

説明すると、

シュダオン――けがれをすべてとり除いて清められた賢者

シダゴン――高められた賢者

アナゴン――（次元を）飛躍した聖者

アラカン――ニルヴァーナを完成した聖者、「ブッダ」ともいう。

一、基礎訓練

まず、賢者となる修行にたえる心身をつくらねばならない。ひと口でいえば、精神的・肉体的に、マイナスの部分を無くすのである。

ばならない。

現代人は、いろいろなマイナス部分を持っている。これを是正しなければならない。

第一に完全なる心身の「癒《いや》し」である。

現代人は、大なり小なり、心の奥に、葛藤や、精神外傷《トラウマ》(Trauma)を持っている。精神外傷《トラウマ》は、人間の無意識層にひそみ、思いがけない時にほとばしり出て、思いもよらぬ失錯行為や、神経症的行動となって浮かび出てくる。どんなに頭がよくても、健全な人間としての活動はできない。いや、頭がよい人間ほど、その傾向がつよいといえる。徹底的なカウンセリングによって、それを発見し、除去しなければいけない。潜在意識、深層意識の分析が必要である。

それに附随して、充分な栄養、睡眠、休息をとらねばならない。

わたくしの考えでは、現代人は、栄養がかたよっている。たんぱく質、脂肪、糖質、ヴィタミン、ミネラル等の適正な配分がなされていない。ぜいたくな食事でなく、適正な食事が必要なのである。

現代人は不眠の傾向があって、充分な休息もとれていない。リラックスしてよく眠り、短時間で充分な休息をとる方法を学ばねばならない。リラックスと充実である。

修行は、楽しくなくてはなが続きしない。つらいばかりでは萎縮してしまう。

修行の楽しさを教えなくてはいけない。

修行は楽しいものである。あたらしい世界のなかでの自分の再発見がある。再確認といってもよい。

また、自分の能力の向上が、まざまざと自覚できる魅力がある。変身の魅力だ。

基礎訓練をつづけるなかで、本格的修行に入ったときの修行プログラムを作製する。

人の才能、性格、体力など、千差万別である。一〇〇人の修行者がいれば、一〇〇の修行プログラムが必要なのだ。

忘れたが、入行に際しては、医師の健康診断書が要る。

かくて、次の段階に移る。

二、清められた賢者・須陀洹《シュダオン》

精神的・肉体的・霊的に清められる。

霊的に清められるというのは、先祖のなかで、非常に不幸な人生を送った人があると、「運命の反覆」現象を起こして、自分もおなじような不幸な運命をくり返すことがある。これを解消することである。

人は、自分ひとりで生まれてきたのではない。両親を通じて、欲すると欲せざるにかかわらず、先祖からさまざまなものを受けついでいる。つまり、自分の人生は、先祖を無視しては考えられないのである。運命の形成には、大きく先祖が影響しているということである。

世界的な心理学者で、フロイト、ユングのあとをうけてあらわれたあたらしい心理学「運命心理分析学・家族的深層心理学」(Schicksalsanalyse)の創始者リポート・ソンディ博士は、「家族的無意識」により、「個人のなかに抑圧されている祖先の欲求が子孫の恋愛、友情、職業、疾病、および死亡における無意識的選択行動となって、個人の運命を決定する」と説いた。これが「運命の反覆」である。

不幸で、悲惨な人生を送った先祖の抑圧意識が、子孫におなじような人生を送らせようとするのだ。これが、リポート・ソンディのいう「運命の反覆」現象で、そういう先祖がいた場合、その先祖の抑圧意識を解消しなければならない。先祖の抑圧意識による「強制運命」が、修行の成果を妨げるのである。(くわしくは拙著『チャンネルをまわせ』その他を参照せられたい)

賢者須陀洹は、また、「預流《よる》」の賢者、「逆流《げきる》」の賢者ともよばれる。

「預流」とは、あたらしく賢者の流れに入った(預)という意味であり、「逆流」とは、生死《しようじ》・因縁の流れに逆《さから》う賢者という意味で、つまり、凡夫であるかぎり生死・因縁の流れのまま、運命のままに生きてゆくよりほかなく、その流れに逆うことはできない。須陀洹は、その流れに逆う。つまり、生死・因縁の法則から超越する賢者である、という意味である。

それは、精神的には煩悩・迷妄《まよい》を制御し、肉体的には病弱を克服し、霊的には先祖の悪しき影響から脱却しているため、生まれつきの因縁を変え、運命を変えてしまうことによると思われる。

三、高められた賢者・斯陀含《シダゴン》

清められて須陀洹となった修行者は、つづいて、智慧と徳を高める斯陀《シダ》含《ゴン》の修行に入る。

高められるとはなにが高められるのか？

智慧と徳と力《パワー》が高められるのである。完成した賢者としての智慧と徳と力がそなわることである。

ちなみに、ここで智慧というのは、なんでもかんでも知っている物知り博士というような智慧ではなく、人生を成立させている真理・原則を体得している智慧である。

中村元先生によると、智慧を意味する語は多数あるが、もっともふつうな原語は、prajñā（パーリ語では paññā）で、それは、jñā（知る）という語根に pra という接頭辞のついたものであって、jñā という語根はギリシア語の gnōsis、英語の know（知る）とおなじ語源に由来するという。漢訳仏典では「智慧」と訳されるのがふつうである。

仏教語として、「決断を智といい、簡択を慧という」また、「分別妄想を離れるはたらき」として、『大乗義章』九に、つぎのように説いている。「照見名レ智、解了称レ慧」（照見するを智と名づけ、解了するを慧と称す）

要するに、智慧を意味する語が多数あるということは、智慧には、多くの段階と種類があるということであろう。

その最も高度のものは、それを持つ者以外には、想像もつかないものと思われる。

ほんとうの賢者の智慧とは、そういう種類のものであろう。

徳とは力である。ほんとうの力は徳から生じたものである。ほんとうの力とは、自分を高め、他人《ひと》を高め、社会を高めるものである。徳から生じたのではない力もあることはある。しかしそれは、究極的に自分をほろぼし、他人を傷つけ、社会を毒する。そういうものは真の力ではなく、権《かり》の力である。だからそういう力を、権力《けんりょく》とよぶ。徳をともなわない力である。ほんとうの力は徳から生ずる。だから、徳をたくわえることは力をたくわえることである。

凡夫が不運なのは、不徳だからである。徳を積めば福を得る。徳によって生じた力は、なにをしてもよい結果を生む。それを福というのである。不徳の者は力がないから、なにをやっても中途半端になり、また、まわり合わせの悪い状況を直すこともできず、失敗する。それを不運といってあきらめるわけである。

ひと口でいえば、運気を増強する。運をよくするのだ。運が悪かったらなんにもできない。修行を成就することもできない。斯陀含の賢者は、完全な徳と力と智慧を身につける。かれには不可能が無くなる。

四、次元を飛躍した聖者・阿那含《アナゴン》

この段階に入ると、賢者は、聖者の域に入る。次元を飛躍した智慧を獲得し、霊性開顕をして、霊界と交流する力を持つようになった聖者である。

五、次元を超越した聖者・阿羅漢《アラカン》

ニルヴァーナに到達したブッダのことである。

以上、七科三十七道品の智慧の修行について説明したが、やや抽象的と思われるので、わかりやすく、図表にしてみた。(口絵参照)

阿含宗の修行の特徴として、護摩行と滝行がある。

護摩行は、「火の瞑想」、火界定の行である。

滝行は、「水の瞑想」、水想観の行である。

ともに、わたくしの修行体験から加えたもので、火と水によって心身をきよめ、たかめる「練行《タパス》」である。

この二つの行だけで、わたくしは、だれでも、斯陀含にまでは到達できるであろうと思っている。

ニルヴァーナにまで到達するのは、至難の業《わざ》である。わたくしといえども、そこまで修行者を導く自信はない。しかし、準《セミ》・ニルヴァーナにまで到達させる自信はあるのだ。すべては、修行者の努力と熱意次第だが――。

あとがき

人類最高の智の所産である哲学の智と、ゴータマ・ブッダのニルヴァーナの智とを対比してみることは、（知的な人であるかぎり）だれしも興味を抱くことであろうと思う。

片や学問の智であり、片や宗教の智である。まったく異質のものか、それとも共通するところがあるのか。

最高の智慧の行きつくところ、必ずや共通する部分があるとわたくしは考えた。

やはり、あったのである。接点が——。

ギリシア哲学の、ピュタゴラス――ソクラテス――プラトンの系列に、わたくしはそれを発見した。

ここでは、それを概説したが、これから、もっと時間をかけて、このテーマを追求してみたいと考えている。

仏教の真髄を、仏教側からだけ説いたのでは、西欧の人たちには理解困難であろう。哲学の側から説明したら、すぐにわかってもらえると思うのである。そういう意味でも本書はお役に立つと思う。

著者しるす

二〇〇〇年一月五日　誕生日に

付【中国・国立佛学院（仏教大学）講演録】……（一九九九年十二月十二日）

阿含宗について

――阿含宗管長 桐山靖雄

佛学院の皆さん、今日は。

お久しぶりです。およそ、一年ぶりですね。一九九八年十一月十日、この佛学院をお訪ねした際、わたくしにとって、終生、忘れることのできない出来事が起こりました。

それは、この佛学院の名誉教授を授与されるという大きな名誉が与えられ、その上、かねてからわたくしの尊敬して止まない、中国佛教協会会長・中国佛学院院長の趙樸初先生手ずからお書きになられた名誉教授の証書が下附されたのです。

ご存知の通り、趙樸初先生は、中国きっての書家として著名なかたでありま す。その書は、まさに一字千金とされ、今や、入手困難というよりも、ほとんど入手不可能といわれております。加うるに、御高齢であります。その趙樸初先生御自身の筆による栄誉証書なのですから、わたくしにとって最高の感激であります。この栄誉証書は、我が家の家宝となっております。

また、本年の八月、阿含宗は、佛学院訪日代表団一行一〇名を、京都の本山にお迎えしました。団長は、佛学院副院長の伝印法師で、十六日の冥徳祭に、伝印法師は、阿含宗の信徒一千数百名に向かって法話をなさいました。伝印法師は、法話で、

「阿含宗は、阿含経を所依の経典とし、四諦・八正道・十二因縁など、仏教の基本の実践が行なわれている。これは、仏陀の教えの核心であり、私どももこの実践によって、人々の心を浄め、人類の物質及び精神生活に幸せと楽しみを与えることができると確信している」

と述べ、信者一同に、大きな感銘を与えました。祭典の終了後、信者たちは、口をそろえて、

「立派な御法話だった。もっとお聞きしたかった」

と言っておりました。また、再びお出でになって、法話をしていただきたいと、願っております。わたくしにとって、ほんとうになつかしい想い出であります。

さて、今日は、阿含宗について、少しおはなし致したいと思います。

阿含宗という仏教教団は、一九七八年四月八日に、わたくしが立宗致しました。ですから、まだ二十一年しか歴史がありません。歴史といったら笑われるでしょう。ついこの間、できたばかりの教団であります。

しかし、わたくしは、日本で最も古い仏教教団であると誇っております。

「最も新しくして、最も古い教団。それが阿含宗だ」

とわたくしは、誇りを持って言っております。

というのは、伝印法師様の法話にありましたように、阿含宗は、阿含経を所依の経典としております。ご存じの通り、阿含経は、釈尊の説いた原初の経典であり、最も古い経典であります。いや、古いばかりでなく、釈尊ご自身が説いた経典は、この阿含経しかありません。そのほかの経典は、すべて、釈尊がお亡くなりになった後世において、創作された経典ばかりであります。

もちろん、阿含経と称する経典の中にも、後世につくられた経典が、多少、混入しております。しかしながら、釈尊がほんとうに説かれた経典の存在は、阿含経しかありません。これは、学問的に実証されている学説であります。

この、釈尊が実際に説かれた経典を「金口《こんく》の経典」と申しますが、これを所依の経典とする仏教教団は、日本に、一つもありません。二十一年前に、阿含宗が出現して、はじめて、釈尊直説の阿含経を所依とする教団ができたのです。日本の仏教教団は、いわゆる、「大乗仏教」で、大乗経典を所依とします。

大乗経典と阿含経典とくらべますと、学問的・歴史的に見て、当然、阿含経

のほうが遥《はる》かに古い。だから、わたくしは、冗談まじりに、

「最も古くして、最も新しい。それが阿含宗だ」

と言っているわけであります。

しかし、そういうわたくしも、最初から阿含宗という仏教教団を立てていたわけではありません。最初は「観音慈恵会」という教団を立てておりました。文字の通り、観音菩薩を本尊として信仰し、観音の慈悲の恵みを頂く教団でした。ですから、これは、大乗仏教の系列に入る教団でした。

この教団は、一九五四年に設立しました。かぞえてみると、わたくしが三十二歳の時ですから、わたくしも随分、若かったなあと思います。今から、四十六年前のことです。

ですから、一九七八年に阿含宗を立宗するまで、二十四年間、観音慈恵会を

やっていたわけです。

観音慈恵会は、順調に教勢を伸ばして、信者は三万人くらいになり、日本でも、中《ちゅう》の上《じょう》くらいの教団に発展しました。このまま進んで行けば、やがて一流の教団にもなれると、自他ともに思っていました。

それを突然、止めて、阿含宗に変えたわけです。

周囲の人たちは非常に驚き、また、不思議がりました。

ある著名な宗教評論家は、

「ここまで大きくなった教団が、急に本尊を変え、教義を変えるとは、狂人沙汰《きちがいざた》だ」

と批評しました。

また、別の宗教家は、

「順調に発展しているのに、わざわざ小乗仏教に変えるとは、頭がどうかしたのではないか」

とひどいことを書きました。

なぜ、わたくしは、観音慈恵会から、阿含宗に変えたのでしょうか？

ひと口でいうと、わたくしは、それまで学んだ仏教に、大きな疑問を感じたのです。

仏教には大きく分けて、

仏　教

と

仏　法

があると思います。というより、この二つによって仏教が成立していると思います。

仏教＝教え。つまり教理・教学です。

仏法＝法力。つまり修行によって生ずる「力」です。

サンスクリットのdharmaは、真理・真実・本質などを意味し、漢語で「法」と訳します。わたくしのいう法はそれではなく、仏教を信じ、実践し、修行するところから生ずる筆舌に尽くし難い不思議な力、〝法力〟をいいます。仏教が、教理・教学の教えだけだったら、倫理・道徳と、さして違いのあるものではありません。法（力）のあることにより、宗教としての仏教になるのです。そう、わたくしは信じます。

そこでわたくしは、大乗仏教の勉強から、『大日経』『金剛頂経』を所依とする真言密教に転じました。真言密教も大乗仏教ですが、真言密教は、「即身成仏」の法を説きます。

これこそ、わたくしの求める法門と確信し、修行に入りました。修行に入って約十年、密教の奥儀を体得したわたくしは、再び、幻滅《げんめつ》のどん底に叩きこまれました。

真言密教の「法」も、形式化されたものだったのです。形式化され、様式化されたものでした。

その結果、仏教に絶望したわたくしは、一時、仏教を捨てようとさえ思いました。そうして考えました。

「自分は、全仏教の主立った経典は、殆ど読んでしまった。しかし、小乗経と貶《けな》されている阿含経だけは読んでいない。どうせ、無駄だと思うが、一度、阿含経を読んでみよう。そして、阿含経も駄目だったら、仏教から去ろう。仏教よ、さようなら、だ」

そう思って、阿含経典群を手にしたのです。「漢訳四阿含」の「長阿含」「中阿含」「雑阿含」「増一阿含」、四部合わせて大小二千八十余巻の経典群を、約一年半かけて読破しました。

非常に難解でした。教えてくれる師も先輩も一人もいません。全部、独学です。仏教辞典で調べても、わからない辞句が山ほどあります。一晩かかって、一行の文句もわからないことが、しばしばでした。そういう時は、それをそのままにしておいて、先へ進むと、だんだん意味が通じて来るから不思議です。

全部、読み終える前に、わたくしは、欣《きん》喜《き》雀《じやく》躍《やく》しておりました。わたくしが求めに求めていた「修行法」がここにあったのでした。

様式化し、形式化してしまった真言密教の「即身成仏」の原点、源泉がここにあったのです。

阿含経典群の中に深く埋もれていた貴重きわまる宝石を、わたくしは、幸運にも発見したのでした。

七科三十七道品という「成仏のための修行法」です。

時間がありませんので、名称だけ、申し上げます。

四念住法・四正断法・四神足法・五根法・五力法・七覚支法・八正道法で、三十七種類のカリキュラムから成っています。

わたくしは、いま、これを、「神聖なる智慧を獲得するための七種のシステムと、三十七種類のカリキュラム」と呼んでいます。いずれも、特殊な瞑想・禅定・錬行から成り立っています。

どうして、先人たちが、こういう貴重な法を発見できなかったのか、わたくしは実に不思議に思っています。

おそらくは、天才、天台大師智顗たちの説いた「五時八教」の教判によって、阿含経は小乗経典であるという説が、浸透してしまったからでしょう。

なぜ、七科三十七道品の修行法が貴重なのか？　それを説明いたします。

仏教の究極の目標は、Nirvāṇa《ニルヴァーナ》、涅槃に到達することです。これは、仏陀釈尊がくり返し説いていることですから、疑う余地はありません。

それならば、どのようにしたら、涅槃に到達できるのか？　問題は、この一点にしぼられて来ます。わたくしも、それを考えて、あらゆる仏教経典を渉《しよう》猟《りよう》し尽くしました。それを求めて、一切経を読破したのでした。

そうして、絶望の寸前において、阿含経の中にそれを発見したのでした。

思うに、涅槃とは、人類最高の、究極の智慧を獲得することによって到達できる境地です。

ですから、その修行法は、智慧を磨き、智慧を高める修行ということになります。

七科三十七道品は、まさにそのものズバリの修行法でした。

この修行は、人間の智慧のレベルを上げるのです。

わたくしが、

「神聖なる智慧を獲得するための七種のシステムと、三十七種類のカリキュラム」

と呼ぶ所以《わけ》です。

この修行法のよいところは、段階的に、智慧をレベル・アップしていくところにあります。

俗な言葉で表現するならば、
ふつうの知能の持ち主→秀才→天才→大天才→超大天才
とでもいいましょうか。

この修行法を修行することにより、だれでも涅槃に到達するということはできないにしても、その前段階、前々段階くらいにまでは、だれでも行けるとわたくしは思います。

21世紀は智慧の時代です。

行きづまった物質世界の未来を切りひらくのは、すぐれた人類の叡智しかありません。人間に安楽と便利をあたえるはずの科学と技術が、逆に、人間の生存を危うくしています。これを救うのは、人間の智慧しかありません。

今こそ、智慧を磨く時代です。

わたくしが、七科三十七道品を、貴重きわまる宝石といったわけが、おわかりでしょう。

七科三十七道品を発見したわたくしは、どんなことをしても、これを世に出さなければならぬと決心しました。

随分、迷いました。

阿含経を所依の経典として、阿含宗を立宗することは、日本中の仏教教団を敵にまわすことです。日本中の仏教教団に喧嘩《けんか》を売ることです。あるいは、押しつぶされてしまうかもしれない。

順調に観音慈恵会が発展しているのに、なにも、好んで平地に波乱を起こすことはないじゃないか。そうも思いました。

三年間、迷ったのです。それは、わたくしが間違っているかもしれない。わたくしの独断と偏見であるかもしれない。そうも考えて、迷いに迷いました。

しかし、最後に、わたくしは、肚《はら》を決めました。

釈尊が生涯かけて説いた「成仏法」が、小乗仏教といわれて埋《うず》もれてしまっている。これを世に出すのは、わたくししかいない。

「成仏法」を世に出すことは、世に埋もれている釈迦を世に出すことではないか。

わたくしが失敗を恐れて立たなかったら、わたくしは、おそらく死に臨んだとき、後悔をするのではないか。なぜ、あのとき、自分は阿含宗を立宗しなかったのか、と。それは、地獄に落ちることである。死に際して帰らぬ後悔をすることこそ、地獄に落ちる因である。失敗を覚悟して、立宗しよう。信念を貫こう！

そうして、わたくしは阿含宗を立宗したのでした。思った通り、わたくしは、日本中の仏教教団から、袋叩きに遭いました。

しかし、観音慈恵会から阿含宗に変わることにより、多数の信者がやめて行くと思ったのに、殆どの信者が、変わらずに、ついて来てくれました。これが、大きな力でした。他の仏教教団からの、いろいろな悪口、批判、罵詈《ばり》讒《ざん》謗《ぼう》、それに堪《た》えて、わたくしたちは勝ちぬきました。

こうして、中国の佛教協会、及び、佛学院から暖かく迎えられていることが、最大の証ではありませんか。

それになお、中山大学、北京大学からも、わたくしは望外の栄誉を受けております。海外に貴重な知己を得て、わたくしは、ただただ、感激、感泣いたしております。厚く御礼申し上げます。

なお、念のため申し添えますが、観音信仰はいまもなおつづけております。観音慈恵会当時同様、いやそれよりも熱心に信仰しております。

御静聴ありがとうございました。

●引用・参考文献

松永雄二他訳『プラトン全集』（第一巻）岩波書店
当津武彦『哲学概説』世界思想社
服部英次郎『西洋古代中世哲学史』ミネルヴァ書房
杖下隆英・増永洋三・渡辺二郎編『テキストブック西洋哲学史』有斐閣ブックス
小阪修平『イラスト西洋哲学史』宝島社
峰島旭雄編著『概説西洋哲学史』ミネルヴァ書房
松本正夫『西洋哲学史　古代・中世』慶應通信
高橋里美『哲学概論』未来社
内山勝利・中川純男編著『西洋哲学史（古代・中世編）』ミネルヴァ書房
山本光雄訳編『初期ギリシア哲学者断片集』岩波書店
中村元『ゴータマ・ブッダI』（中村元選集第十一巻）春秋社
〃　『原始仏教の思想I・II』（中村元選集第十五・十六巻）春秋社
バッタチャリヤ　神代峻通訳『インド密教学序説』東洋書院
中村元・早島鏡正訳『ミリンダ王の問い』東洋文庫
安井廣度『大蔵経講座　阿含経講義』東方書院
桐山靖雄『間脳思考』平河出版社
〃　『「止観」の源流としての阿含仏教』平河出版社

●桐山靖雄（きりやま・せいゆう）

阿含宗管長、中国・国立北京大学名誉教授、中国・国立中山大学名誉教授、中国・国立佛学院（仏教大学）名誉教授、サンフランシスコ大学理事、モンゴル国立大学学術名誉教授・名誉哲学博士、チベット仏教ニンマ派仏教大学名誉学長・客員教授、スリランカ仏教シャム派名誉大僧正、ミャンマー仏教界最高の僧位・法号を授受、中国国際気功研究中心会長（北京）、ダッチ・トゥリートクラブ名誉会員（ニューヨーク）、日本棋院名誉八段。

主たる著書『密教・超能力の秘密』『密教・超能力のカリキュラム』『密教占星術Ⅰ・Ⅱ』『説法六十心1・2』『チャンネルをまわせ』『密教誕生』『人間改造の原理と方法』『阿含密教いま』『守護霊を持て』『続守護霊を持て』『龍神が翔ぶ』『霊障を解く』『一九九九年カルマと霊障からの脱出』『輪廻する葦』『間脳思考』『心のしおり』『愛のために智恵を智恵のために愛を』『末世成仏本尊経講義』『守護仏の奇蹟』『一九九九年地球壊滅』『守護霊の系譜』『求聞持聡明法秘伝』『さあ、やるぞかならず勝つ①・②』『仏陀の法』『守護霊が持てる冥徳供養』『密教占星術入門』『人は輪廻転生するか』『君は誰れの輪廻転生か』『般若心経瞑想法』『一九九九年七の月が来る』『オウム真理教と阿含宗』『阿含仏教・超能力の秘密』『脳と心の革命瞑想』『阿含仏教・超奇蹟の秘密』『社会科学としての阿含仏教』『「止観」の源流としての阿含仏教』『一九九九年七の月よ、さらば！』（以上平河出版社）、『幸福への原理』『アラディンの魔法のランプ』（阿含宗出版社）、『念力』『超脳思考をめざせ』（徳間書店）、『密教入門－求聞持聡明法の秘密』（角川選書）など。

連絡先　●　阿含宗に関するご質問・お問合わせは左記まで

阿含宗本山・釈迦山大菩提寺　京都市山科区北花山大峰町

関東別院　〒108－8318　東京都港区三田四－一四－一五……………TEL（〇三）三七六九－一九三一

関西総本部　〒605－0031　京都市東山区三条通り神宮道上ル……………TEL（〇七五）七六一－一一四一

北海道本部　〒004－0053　札幌市厚別区厚別中央三条三丁目……………TEL（〇一一）八九二－九八九一

東北本部　〒984－0051　仙台市若林区新寺一－三－一……………TEL（〇二二）二九九－五五七一

東海本部　〒460－0011　名古屋市中区大須四－一〇－三二上前津ＫＤビル四階…TEL（〇五二）二五二－五五五〇

北陸本部　〒920－0902　金沢市尾張町二－一一－二二……………TEL（〇七六）二二四－二六六六

九州本部　〒812－0041　福岡市博多区吉塚五－六－三五……………TEL（〇九二）六一一－六九〇一

メシアの館　〒650－0003　神戸市中央区山本通り一－七－二三……………TEL（〇七八）二三一－五一五二

大阪道場　〒531－0072　大阪市北区豊崎三－九－七いずみビル一階……………TEL（〇六）六三七六－二七二五

沖縄道場　〒900－0031　那覇市若狭一－一〇－九……………TEL（〇九八）八六三－八七四三

●インターネットで阿含宗を紹介………阿含宗ホームページ　http://www.agon.org/

21世紀は智慧《ソヒア》の時代——ギリシア哲学の智慧とブッダの智慧

二〇〇〇年一月二十五日　第一版第一刷発行
二〇〇〇年二月二十日　第一版第四刷発行

著　者……桐山靖雄
発行者……堤　たち
発行所……株式会社平河出版社
東京都港区三田三―一―五　〒一〇八―〇〇七三
電話(〇三)三四五四―四八八五　振替・〇〇一一〇―四―一一七三二四
装　幀……谷村彰彦
印刷所……凸版印刷株式会社
用紙店……中庄株式会社

ISBN4-89203-307-3　C0015